TIEMPO DE SIEMBRA Y COSECHA

El Poder De La Imaginación Para Crear Tu Realidad

Colección de lujo

Por
Neville Goddard
Imaginatio Divina Media

Publicado en 2024 por Imaginatio Divina Media.

Sitio web: www.imaginatiodivinamedia.com

ISBN: 979-8-3305-3107-3

RESUMEN
DE *TIEMPO DE SIEMBRA Y COSECHA*:

El libro Tiempo de Siembra y Cosecha de Neville Goddard, presenta una perspectiva de la Biblia que sugiere que es una representación simbólica de la mente humana más que un relato histórico. Goddard explica que los personajes y acontecimientos de la Biblia son metáforas de los procesos y facultades mentales de cada individuo. Un tema clave de su obra es el concepto de que la realidad está moldeada por la imaginación. Utilizando la imaginación de forma activa y decidida, una persona puede "plantar semillas" de los resultados que desea (el "tiempo de la semilla"), que acabarán manifestándose en el mundo físico (la "cosecha").

Goddard analiza las técnicas para manifestar los deseos, haciendo hincapié en la importancia de imaginar vívidamente el cumplimiento de los propios deseos y persistir en ese sentimiento hasta que se sienta natural. Esta práctica, sugiere, activa una ley psicológica y espiritual que transforma los escenarios imaginados en realidad. El texto subraya el poder de la fe, la intención y el pensamiento disciplinado, argumentando que el estado de la conciencia interior determina las experiencias exteriores en la vida. A través de este compromiso imaginativo, uno puede lograr el crecimiento personal y realizar sus aspiraciones más elevadas.

CONTEXTO MODERNO
DE *TIEMPO DE SIEMBRA Y COSECHA*:

Los principios de Tiempo de Siembra y Cosecha de Neville Goddard, están estrechamente relacionados con varios conceptos contemporáneos, como la neurociencia del pensamiento positivo, la atención plena y la Ley de la atracción. Estas conexiones pueden resultar atractivas para los lectores modernos que buscan fundamentos actuales y respaldados por la investigación para las prácticas espirituales.

En neurociencia, los estudios sobre el pensamiento positivo y la neuroplasticidad demuestran que los pensamientos y creencias intencionados y centrados pueden remodelar las vías cerebrales y los comportamientos. Esta idea complementa la enseñanza básica de Goddard de que la imaginación da forma a la realidad; al imaginar constantemente un resultado deseado, las personas preparan al cerebro para que esos resultados sean más alcanzables. La práctica de la atención plena también coincide con el énfasis de Goddard en la concentración interior y el pensamiento deliberado, ya que la atención plena enseña a ser consciente y a controlar el propio estado mental, algo crucial para manifestar las intenciones.

La Ley de la Atracción, ampliamente reconocida en los círculos espirituales modernos, está estrechamente relacionada con la idea de Goddard de "vivir al final", donde uno asume la sensación de un deseo cumplido.

Según esta ley, nuestro estado interior atrae las experiencias externas correspondientes. Al alinear pensamientos, sentimientos y suposiciones con los resultados deseados, uno atrae de forma natural energía y experiencias similares a su vida, de forma muy parecida al concepto de Goddard de "tiempo de siembra y cosecha".

Estas conexiones entre las enseñanzas de Goddard y los marcos psicológicos y espirituales actuales ayudan a unir las ideas históricas con los enfoques modernos, proporcionando a los lectores un camino completo hacia el crecimiento personal y la manifestación.

TIEMPO DE SIEMBRA Y COSECHA

Por Neville Goddard
(1956)

CAPÍTULO UNO

EL EXTREMO DE UNA CUERDA DORADA

"Te doy el extremo de un cordel de oro; Sólo enróllalo en un ovillo, Te conducirá a la puerta del Cielo, Construida en el muro de Jerusalén".

BLAKE

En los siguientes ensayos he tratado de indicar ciertas formas de aproximación a la comprensión de la Biblia y a la realización de tus sueños.

"Que no seáis perezosos, sino seguidores de aquellos que por la fe y la paciencia heredan las promesas".

HEBREOS 6:12

Muchos de los que disfrutan con los viejos versículos conocidos de las Escrituras se desaniman cuando ellos mismos intentan leer la Biblia como lo harían con cualquier otro libro porque, con toda excusa, no comprenden que la Biblia está escrita en el lenguaje del simbolismo. Al no saber que todos sus personajes son personificaciones de las leyes y funciones de la mente; que la Biblia es psicología más que historia, se devanan los sesos durante un tiempo y luego se dan por vencidos. Es demasiado desconcertante. Para comprender el significado de sus imágenes, el lector de la Biblia debe estar imaginativamente despierto.

Según las Escrituras, dormimos con Adán y despertamos con Cristo. Es decir, dormimos colectivamente y despertamos individualmente.

"Y Jehová Dios hizo caer sueño profundo sobre Adán, y se durmió".

GÉNESIS 2:21

Si Adán, o el hombre genérico, está en un sueño profundo, entonces sus experiencias tal como se registran en las Escrituras deben ser un sueño. Sólo el que está despierto puede contar su sueño, y sólo el que entiende el simbolismo de los sueños puede interpretar el sueño.

"Y se decían unos a otros: ¿No ardía nuestro corazón dentro de nosotros, mientras Él hablaba con nosotros en el camino, y mientras nos abría las Escrituras".

LUCAS 24:32

La Biblia es una revelación de las leyes y funciones de la Mente expresadas en el lenguaje de ese reino crepuscular en el que entramos cuando dormimos. Dado que el lenguaje simbólico de este reino crepuscular es en gran medida el mismo para todos los hombres, los recientes exploradores de este reino -la imaginación humana- lo llaman el "inconsciente colectivo."

El propósito de este libro, sin embargo, no es darte una definición completa de los símbolos bíblicos ni interpretaciones exhaustivas de sus historias.
Lo único que espero haber hecho es indicarte el camino por el que tienes más probabilidades de conseguir realizar tus deseos.

"Lo que deseáis" sólo puede obtenerse mediante el ejercicio consciente y voluntario de la imaginación en obediencia directa a las leyes de la Mente.

En algún lugar dentro de este reino de la imaginación hay un estado de ánimo, un sentimiento del deseo cumplido que, si se lo apropia, significa éxito para usted.

Este reino, este Edén - tu imaginación - es más vasto de lo que crees y merece ser explorado.

"Te doy el extremo de un cordón de oro"; debes enrollarlo en un ovillo.

PREGUNTAS Y RESPUESTAS PARA LA REFLEXIÓN

1. ¿Por qué a las personas les puede resultar difícil entender la Biblia cuando la leen como cualquier otro libro?

- **Respuesta:** A muchos les resulta difícil porque la Biblia está escrita en un lenguaje simbólico, no en prosa sencilla. En lugar de contar la historia, utiliza personajes e historias para representar las leyes y el funcionamiento de la mente humana. Sin esta perspectiva, sus mensajes pueden parecer crípticos.

-

2. ¿Qué significa decir "dormimos con Adán y nos despertamos con Cristo"?

- **Respuesta:** Esta frase sugiere que la humanidad comienza en un estado de existencia colectiva e inconsciente, simbolizado por el sueño de Adán. Despertar con Cristo representa el despertar consciente de un individuo, una realización de su verdadera identidad y potencial espiritual. Este cambio simboliza pasar de la comprensión pasiva a la activa de uno mismo y de lo divino.

-

3. ¿Cómo funciona la Biblia como "revelación de las leyes y funciones de la Mente"?

- **Respuesta:** La Biblia refleja principios internos a través de sus historias y símbolos. Cada personaje y evento representa aspectos de la psicología humana y el poder de la imaginación, guiando a los lectores a comprender las leyes mentales universales que dan forma a las experiencias y los deseos.

-

4. ¿Cómo se relaciona la imaginación con el logro de los deseos según este capítulo?

- **Respuesta:** La imaginación se presenta como la puerta de entrada para realizar los deseos. Cuando uno se involucra conscientemente con la imaginación y encarna plenamente el sentimiento del deseo cumplido, se alinea con las leyes de la Mente, permitiendo que los deseos se manifiesten en la realidad.

-

5. ¿Qué significa en este contexto la metáfora de enrollar el "hilo de oro"?

- **Respuesta:** El "hilo dorado" simboliza el viaje de comprensión y uso de la imaginación como medio para lograr los propios deseos. "Enrollarlo en una bola" sugiere que uno debe trabajar activamente con la imaginación, reuniendo y enfocando su poder intencionalmente. Este compromiso activo conduce a conocimientos más profundos y, en última instancia, a la realización de los sueños.

CAPÍTULO DOS
LOS CUATRO PODEROSOS

"Y salía un río de Edén para regar el jardín; y de allí se partía, y se hacía en cuatro cabezas".

GÉNESIS 2:10

"Y cada uno tenía cuatro caras"

EZEQUIEL 10:14

"Veo cuatro hombres sueltos, que andan en medio del fuego, y no tienen ningún daño; y la forma del cuarto es semejante a la del Hijo de Dios."

DANIEL 3:25

"Cuatro Poderosos hay en cada hombre". -Blake

Los "Cuatro Poderosos" constituyen la mismidad del hombre, o Dios en el hombre. Hay "Cuatro Poderosos" en cada hombre, pero estos "Cuatro Poderosos" no son cuatro seres separados, separados uno del otro como lo están los dedos de su mano.

Los "Cuatro Poderosos" son cuatro aspectos diferentes de su mente, y difieren entre sí en función y carácter, sin ser cuatro seres separados que habitan el cuerpo de un hombre.

Los "Cuatro Poderosos" pueden equipararse a los cuatro caracteres hebreos: [Yodh, He, Waw, He, de derecha a izquierda] que forman el nombre misterioso de cuatro letras del Poder Creador ["Yahvé" o incluso ocasionalmente como "Jehová"] a partir de y combinando en sí mismo las formas pasada, presente y futura del verbo "ser".

El Tetragrammaton es venerado como el símbolo del Poder Creativo en el hombre - YO SOY - las cuatro funciones creativas en el hombre que se extienden para realizar en fenómenos materiales reales cualidades latentes en
en sí mismo.

Podemos comprender mejor a los "Cuatro Poderosos" comparándolos con los cuatro personajes más importantes en la producción de una obra de teatro.

"Todo el mundo es un escenario, y todos los hombres y mujeres meros actores; Tienen sus salidas y sus entradas; Y un hombre en su tiempo interpreta muchos papeles..."- As You Like It Acto II, Escena VII

El productor, el autor, el director y el actor son los cuatro personajes más importantes en la producción de una obra de teatro.

En el drama de la vida, la función del productor es sugerir el tema de la obra. Lo hace en forma de deseo, por ejemplo: "Ojalá tuviera éxito", "Ojalá pudiera hacer un viaje", "Ojalá estuviera casado", etcétera. Pero para aparecer en el escenario del mundo, estos temas generales deben ser de alguna manera especificados y elaborados en detalle. No basta con decir: "Ojalá tuviera éxito", es demasiado vago. ¿Tener éxito en qué?

Sin embargo, el primer "Poderoso" sólo sugiere un tema.

La dramatización del tema se deja a la originalidad del segundo "Poderoso", el autor.

Para dramatizar el tema, el autor sólo escribe la última escena de la obra, pero esta escena la escribe con todo detalle.

La escena debe dramatizar el deseo cumplido. El autor construye mentalmente una escena lo más realista posible de lo que experimentaría si cumpliera su deseo. Cuando la escena se visualiza claramente, el trabajo del autor está hecho.

El tercer "Poderoso" en la producción de la obra de la vida es el director. La tarea del director consiste en velar por que el actor se mantenga fiel al guión y ensayar con él una y otra vez hasta que se sienta natural en su papel.

Esta función puede compararse a una atención controlada y conscientemente dirigida, una atención centrada exclusivamente en la acción que implica que el deseo ya se ha realizado.

"La forma del Cuarto es como el Hijo de Dios" - la imaginación humana, el actor.

Este cuarto "Poderoso" realiza en sí mismo, en la imaginación, la acción predeterminada que implica la realización del deseo. Esta función no visualiza ni observa la acción. Esta función representa realmente el drama, y lo hace una y otra vez hasta que adquiere los tonos de la realidad.

Sin la visión dramatizada del deseo cumplido, el tema sigue siendo un mero tema y duerme para siempre en las vastas cámaras de los temas nonatos. Tampoco sin la atención cooperante, obediente a la visión dramatizada del deseo cumplido, la visión percibida alcanzará la realidad objetiva.

Los "Cuatro Poderosos" son los cuatro cuartos del alma humana. El primero es el Rey de Jehová, que sugiere el tema; el segundo es el siervo de Jehová, que desarrolla fielmente el tema en una visión dramática; el tercero es el hombre de Jehová, atento y obediente a la visión del deseo cumplido, que devuelve la imaginación errante al guión "setenta veces siete". La "Forma del Cuarto" es Jehová mismo, que representa el tema dramatizado en el escenario de la mente.

"Haya, pues, en vosotros este sentir que hubo también en Cristo Jesús: El cual, siendo en forma de Dios, no estimó el ser igual a Dios como cosa a que aferrarse: . . ."

FILIPENSES 2:5,6

El drama de la vida es un esfuerzo conjunto de las cuatro partes del alma humana.

"Todo lo que contemplas, aunque parezca fuera, está dentro, en tu imaginación, de la cual este mundo de mortalidad no es más que una sombra".
- Blake

Todo lo que contemplamos es una construcción visual concebida para expresar un tema, un tema que ha sido dramatizado, ensayado y representado en otro lugar. Lo que presenciamos en el escenario del mundo es una construcción óptica ideada para expresar los temas que han sido dramatizados, ensayados y representados en la imaginación de los hombres.

Los "Cuatro Poderosos" constituyen el Yo del hombre, o Dios en el hombre; y todo lo que el hombre contempla, aunque aparezca fuera, no son más que sombras proyectadas sobre la pantalla del espacio, construcciones ópticas ideadas por el Yo para informarle acerca de los temas que ha concebido, dramatizado, ensayado y representado dentro de sí mismo.

"La criatura fue sometida a la vanidad" para que pueda ser consciente de su Yo y de sus funciones, porque con la conciencia de su Yo y de sus funciones, puede actuar con un propósito; puede tener una historia conscientemente autodeterminada.

Sin conciencia, actúa inconscientemente, y clama a un Dios objetivo que lo salve de su propia creación.

"Oh Señor, ¡hasta cuándo clamaré y no me oirás! Hasta clamar a Ti de violencia, y Tú no salvarás!"

HABAKKUK 1:2

Cuando el hombre descubra que la vida es una obra de teatro que él mismo está escribiendo consciente o inconscientemente, dejará de torturarse ciegamente juzgando a los demás.

En lugar de eso, reescribirá la obra para que se ajuste a su ideal, porque se dará cuenta de que todos los cambios en la obra deben provenir de la cooperación de los "Cuatro Poderosos" dentro de sí mismo. Sólo ellos pueden alterar el guión y producir el cambio.

Todos los hombres y mujeres de su mundo son meros actores y están tan indefensos para cambiar su obra como lo están los actores en la pantalla del teatro para cambiar la imagen. El cambio deseado debe concebirse, dramatizarse, ensayarse y representarse en el teatro de su mente.

Cuando la cuarta función, la imaginación, haya completado su tarea de ensayar la versión revisada de la obra hasta que resulte natural, entonces se levantará el telón sobre este mundo tan aparentemente sólido y los "Cuatro Poderosos" proyectarán una sombra de la obra real sobre la pantalla del espacio.

Hombres y mujeres interpretarán automáticamente sus papeles para que se cumpla el tema dramatizado. Los actores, por razón de sus diversos papeles en el drama del mundo, se vuelven relevantes para el tema dramatizado del individuo y, por ser relevantes, son atraídos a su drama. Interpretarán sus papeles, creyendo fielmente todo el tiempo que fueron ellos mismos quienes iniciaron los papeles que interpretan. Esto lo hacen porque:

"Tú, Padre, estás en mí, y yo en ti, ... yo en ellos, y tú en mí".

JUAN 17:21, 23

Yo estoy implicado en la humanidad. Somos uno. Todos desempeñamos los cuatro papeles de productor, autor, director y actor en el drama de la vida. Algunos lo hacemos conscientemente, otros inconscientemente. Es necesario que lo hagamos conscientemente. Sólo así podremos estar seguros de que nuestra obra tendrá un final perfecto. Entonces comprenderemos por qué debemos ser conscientes de las cuatro funciones del Dios único dentro de nosotros, para que podamos tener la compañía de Dios como Sus Hijos.

"El hombre no debe permanecer un hombre: Su objetivo debe ser más alto. Pues sólo Dios aceptará como compañía".

En enero de 1946, llevé a mi mujer y a mi hija pequeña de vacaciones a Barbados, en las Antillas británicas. Como no sabía que hubiera dificultades para conseguir un pasaje de vuelta, no había reservado el nuestro antes de salir de Nueva York. A nuestra llegada a Barbados descubrí que sólo había dos barcos que hacían escala en las islas, uno desde Boston y otro desde Nueva York. Me dijeron que no había plazas disponibles en ninguno de los dos barcos antes de septiembre. Como tenía compromisos en Nueva York para la primera semana de mayo, me apunté a la larga lista de espera para el barco de abril.

Unos días más tarde, el barco de Nueva York estaba anclado en el puerto. Lo observé detenidamente y decidí que ése era el barco que debíamos tomar. Volví a mi hotel y decidí una acción interior que sería la mía si realmente navegáramos en ese barco. Me acomodé en un sillón de mi habitación, para perderme en esta acción imaginativa.

En Barbados, cuando embarcamos en un gran vapor, lo hacemos en una lancha motora o en un bote de remos. Sabía que debía tener la sensación de estar navegando en ese barco. Opté por la acción interior de bajar de la lancha y subir por la pasarela del vapor. La primera vez que lo intenté, mi atención se desvió al llegar a lo alto de la pasarela. Volví a bajar y lo intenté una y otra vez. No recuerdo cuántas veces realicé esta acción en mi imaginación hasta que llegué a la cubierta y volví la vista al puerto con el sentimiento de la dulce tristeza de partir. Me sentía feliz de volver a mi casa en Nueva York, pero nostálgica al despedirme de la encantadora isla y de nuestra familia y amigos. Recuerdo que en uno de mis muchos intentos de subir por la pasarela con la sensación de estar navegando, me quedé dormido. Después de despertarme, me dediqué a las actividades sociales habituales del día y de la noche.

A la mañana siguiente, recibí una llamada de la compañía de vapores pidiéndome que fuera a su oficina a recoger los billetes para el viaje de abril. Tenía curiosidad por saber por qué Barbados había sido elegida para recibir la cancelación y por qué yo, al final de la larga lista de espera, iba a tener la reserva, pero todo lo que el agente pudo decirme fue que esa mañana se había recibido un telegrama de Nueva York ofreciendo pasaje para tres. Yo no era la primera a la que llamaba la agente, pero por razones que no podía explicar, las personas a las que había llamado decían que ahora les parecía inconveniente zarpar en abril. Zarpamos el 20 de abril y llegamos a Nueva York la mañana del 1 de mayo.

En la producción de mi obra -la navegación en un barco que me llevaría a Nueva York el primero de mayo- interpreté a los cuatro personajes más importantes de mi drama. Como productor, decidí zarpar en un barco concreto a una hora determinada. En mi papel de autor, escribí el guión: visualicé la acción interior que se ajustaba a la acción exterior que yo llevaría a cabo si mi deseo se hiciera realidad. Como director, me ensayé a mí mismo, el actor, en esa acción imaginaria de subir por la pasarela hasta que la sentí completamente natural.

Una vez hecho esto, los acontecimientos y las personas se movieron rápidamente para ajustarse, en el mundo exterior, a la obra que yo había construido y representado en mi imaginación.

"Vi la visión mística fluir y vivir en hombres, bosques y arroyos. Hasta que ya no pude conocer la corriente de la vida a partir de mis propios sueños".
GEORGE WILLIAM RUSSELL (AE)

Conté esta historia a un público mío en San Francisco, y una señora del público me dijo cómo ella había utilizado inconscientemente la misma técnica, cuando era joven.

El incidente ocurrió en Nochebuena. Se sentía muy triste, cansada y apenada. Su padre, al que adoraba, había muerto repentinamente. No sólo sentía esta pérdida en Navidad, sino que la necesidad la había obligado a renunciar a los años de universidad que había planeado y ponerse a trabajar. Esta lluviosa Nochebuena volvía a casa en un tranvía de San Diego. El vagón estaba lleno de alegres charlas de jóvenes felices que volvían a casa para pasar las fiestas. Para ocultar sus lágrimas a los que la rodeaban, se puso de pie en la parte abierta de la parte delantera del vagón y volvió la cara hacia el cielo para mezclar sus lágrimas con la lluvia. Con los ojos cerrados, y agarrada firmemente a la barandilla del vagón, esto es lo que se dijo a sí misma: "No es la sal de las lágrimas lo que pruebo, sino la sal del mar en el viento. Esto no es San Diego; esto es el Pacífico Sur y estoy navegando hacia la bahía de Samoa". Y mirando hacia arriba, en su imaginación, construyó lo que imaginaba que era la Cruz del Sur. Se perdió en esta contemplación hasta que todo se desvaneció a su alrededor. De repente, estaba al final de la línea, en casa.

Dos semanas más tarde, un abogado de Chicago le comunicó que le guardaba tres mil dólares en bonos americanos. Varios años antes, una tía suya se había marchado a Europa con instrucciones de que esos bonos fueran entregados a su sobrina si ella no regresaba a Estados Unidos.

El abogado acababa de recibir la noticia de la muerte de la tía y estaba cumpliendo sus instrucciones.

Un mes más tarde, la muchacha se embarcó rumbo a las islas del Pacífico Sur. Era de noche cuando entró en la bahía de Samoa. Mirando hacia abajo, pudo ver la espuma blanca como un "hueso en la boca de la dama" mientras el barco surcaba las olas y traía la sal del mar en el viento. Un oficial de guardia le dijo: "Ahí está la Cruz del Sur", y mirando hacia arriba, vio la Cruz del Sur tal y como se la había imaginado.

En los años transcurridos, tuvo muchas oportunidades de utilizar su imaginación de forma constructiva, pero como lo había hecho inconscientemente, no se dio cuenta de que había una Ley detrás de todo ello. Ahora que lo entiende, ella también interpreta conscientemente sus cuatro papeles principales en el drama diario de su vida, produciendo obras para el bien de los demás y de sí misma.

"Entonces los soldados, después de haber crucificado a Jesús, tomaron sus vestidos, e hicieron cuatro partes, a cada soldado una parte; y también su túnica; ahora bien, la túnica era sin costura, tejida de arriba abajo."

JUAN 19:23

PREGUNTAS Y RESPUESTAS PARA LA REFLEXIÓN

1. ¿Quiénes son los "Cuatro Poderosos" dentro de nosotros y cómo moldean nuestras experiencias?

- **Respuesta:** Los Cuatro Poderosos simbolizan los cuatro aspectos de nuestra mente creativa: el productor, que genera el deseo o tema; el autor, que dramatiza el deseo; el director, que garantiza el foco en la visión; y el actor, que representa la visión con viveza y repetición. Juntos, estos roles crean un proceso completo que transforma los deseos imaginados en experiencias reales.

-

2. ¿Cómo podemos relacionar a los Cuatro Poderosos con el proceso de lograr una meta específica en nuestras propias vidas?

- **Respuesta:** Para lograr una meta, podemos aplicar los Cuatro Poderosos de la siguiente manera:
- Productor: Decidir el objetivo concreto.
- Autor: Visualice el resultado final como si el objetivo ya estuviera logrado.
- Director: Mantener el enfoque en esta visión, devolviendo la atención a ella de manera consistente.
- Actor: encarna el sentimiento del deseo cumplido y repite este acto imaginativo hasta que se sienta natural.

Este ensayo mental alinea nuestra mente con nuestro objetivo y muchas veces atrae eventos de la vida real que lo cumplen.

-

3. ¿Qué significa decir que "todo el mundo es un escenario" en el contexto de este capítulo?

- **Respuesta:** Esta frase sugiere que la vida es una serie de dramas u "obras de teatro" que creamos y representamos, consciente o inconscientemente, a través de los roles de los Cuatro Poderosos. Todo lo que experimentamos es una proyección de nuestros pensamientos y visiones internos. Al tomar conciencia de esto, podemos tomar control consciente sobre los temas y resultados de nuestro "juego" personal.

-

4. ¿Cómo ilustra el ejemplo del viaje de regreso del autor a Nueva York a los Cuatro Poderosos en acción?

- **Respuesta:** El viaje de regreso del autor demuestra cada función en detalle:
- Productor: Decide regresar en un barco específico en una fecha determinada.
- Autor: Visualiza el acto de abordar y salir de la isla como si ya estuviera sucediendo.

- Director: Se concentra repetidamente en la escena, devolviendo su atención cada vez que su mente divaga.
- Actor: Se imagina plenamente realizando estas acciones hasta que las siente reales.
La eventual e inesperada disponibilidad de entradas refleja la poderosa influencia de su trabajo imaginativo en los acontecimientos actuales.

-

5. ¿Cómo puede el reconocer a los Cuatro Poderosos dentro de nosotros cambiar la forma en que abordamos los desafíos de la vida?

- **Respuesta:** Al ver los desafíos como oportunidades para activar conscientemente a los Cuatro Poderosos, nos damos cuenta de que podemos crear los resultados deseados en lugar de reaccionar pasivamente. Esta perspectiva fomenta la visualización proactiva, la atención enfocada y el compromiso emocional con nuestros objetivos, lo que nos convierte en creadores activos en nuestras vidas en lugar de sentirnos víctimas de las circunstancias.

-

6. ¿Qué papel desempeña la imaginación según este capítulo, y cómo se puede aprovecharla conscientemente?

- **Respuesta:** La imaginación actúa como el cuarto "Poderoso", el actor que da vida a las visiones. Al imaginar repetidamente la sensación de un deseo cumplido, alineamos nuestra mente subconsciente con esa realidad. Para aprovecharlo conscientemente, podemos representar vívida y repetidamente los resultados deseados, haciéndolos sentir naturales y reales en nuestra mente hasta que se manifiesten externamente.

-

7. ¿Por qué sugiere el autor que todo el mundo inconscientemente interprete a los Cuatro Poderosos, y qué beneficio hay en hacerlo conscientemente?

- **Respuesta:** Cada uno, consciente o inconscientemente, está constantemente dando forma a su realidad a través de estos roles mentales. Sin embargo, hacerlo conscientemente permite crear intencionalmente los resultados deseados, en lugar de repetir temas no deseados sin saberlo. Esta conciencia ofrece un mayor control sobre la vida, lo que permite un crecimiento y una realización decididos y autodirigidos.

CAPÍTULO TRES
EL DON DE LA FE

"Y el Señor tuvo respeto a Abel y a sus ofrendas; Pero a Caín y a su ofrenda no tuvo respeto".

GÉNESIS 4:4, 5

Si escudriñamos las Escrituras, nos daremos cuenta de un significado mucho más profundo en la cita anterior que el que nos daría una lectura literal. El Señor no es otro que tu propia conciencia

"decid a los hijos de Israel: YO SOY me ha enviado a vosotros.
. Éxodo 3:14". "YO SOY" es la autodefinición del Señor.

Caín y Abel, como nietos del Señor, sólo pueden ser personificaciones de dos funciones distintas de su propia conciencia. El autor se preocupa realmente de mostrar los "Dos Estados Contrarios del Alma Humana", y se ha servido de dos hermanos para mostrar estos estados. Los dos hermanos representan dos visiones distintas del mundo que posee cada uno. Una es la percepción limitada de los sentidos, y la otra es una visión imaginativa del mundo. Caín, el primer punto de vista, es una entrega pasiva a las apariencias y una aceptación de la vida basada en el mundo exterior: un punto de vista que conduce inevitablemente a un anhelo insatisfecho o a una satisfacción con desilusión. Abel - la segunda visión- es una visión del deseo realizado, que eleva al hombre por encima de la evidencia de los sentidos hasta ese estado de alivio en el que ya no suspira por el deseo. La ignorancia de la segunda visión es un alma en llamas. El conocimiento de la segunda visión es el ala con la que vuela al Cielo del deseo cumplido. "Venid, comed mi pan y bebed del viento que he mezclado, dejad lo necio y vivid".

PROVERBIOS 9:56

En la epístola a los Hebreos, el escritor nos dice que la ofrenda de Abel fue la fe y, afirma el autor: "Sin fe es imposible
agradarle".

HEBREOS 11:6

"Ahora bien, la fe es la certeza de lo que se espera, la convicción de lo que no se ve. . . Por la fe entendemos que los mundos fueron creados por la palabra de Dios, de modo que las cosas que se ven no fueron hechas de cosas que se ven."

HEBREOS 11:1, 3

Caín ofrece la evidencia de los sentidos que la conciencia, el Señor, rechaza, porque la aceptación de este don como molde del futuro significaría la fijación y perpetuación del estado presente para siempre. El enfermo sería enfermo, el pobre sería pobre, el ladrón sería ladrón, el asesino asesino, y así sucesivamente, sin esperanza de redención.

El Señor, o la conciencia, no respeta ese uso pasivo de la imaginación, que es el don de Caín. Él se deleita en el don de Abel, el ejercicio activo, voluntario y amoroso de la imaginación en nombre del hombre para sí mismo y para los demás.

"Que el débil diga: Yo soy fuerte".

JOEL 3:10

Que el hombre haga caso omiso de las apariencias y se declare el hombre que quiere ser. Que imagine belleza donde sus sentidos revelan ceniza, alegría donde dan testimonio de luto, riqueza donde dan testimonio de pobreza. Sólo mediante ese uso activo y voluntario de la imaginación se puede elevar al hombre y restaurar el Edén.

El ideal está siempre esperando ser encarnado, pero a menos que nosotros mismos ofrezcamos el ideal al Señor, nuestra conciencia, al asumir que ya somos aquello que pretendemos encarnar, es incapaz de nacer. El Señor necesita su cordero diario de fe para moldear el mundo en armonía con nuestros sueños.

"Por la fe Abel ofreció a Dios un sacrificio más excelente que Caín".

HEBREOS 11:4

La fe sacrifica el hecho aparente por la verdad no aparente. La fe se aferra a la verdad fundamental de que, por medio de una suposición, los estados invisibles se convierten en hechos visibles.

"Pues ¿qué es la fe sino creer lo que no se ve?".
SAN AGUSTÍN

Hace poco, tuve la oportunidad de observar los maravillosos resultados de alguien que tuvo la fe de creer lo que no veía.

Una joven me pidió que conociera a su hermana y a su sobrino de tres años. Era un muchacho fino y sano, con ojos azules claros y una piel excepcionalmente fina y sin manchas. Entonces, me contó su historia.

Al nacer, el niño era perfecto en todos los sentidos, salvo por una gran y fea marca de nacimiento que le cubría un lado de la cara. Su médico les aconsejó que no se podía hacer nada con ese tipo de cicatriz. Las visitas a numerosos especialistas no hicieron más que confirmar su afirmación. Al oír el veredicto, la tía se propuso demostrar su fe: que una suposición, aunque sea negada por la evidencia de los sentidos, si se persiste en ella, se convertirá en un hecho.

Cada vez que pensaba en el bebé, que era a menudo, veía en su imaginación un bebé de ocho meses con un rostro perfecto, sin rastro de cicatriz alguna. No era fácil, pero sabía que, en este caso, ése era el don de Abel que agradaba a Dios. Persistió en su fe: creyó en lo que no se veía. El resultado fue que visitó a su hermana el día en que el niño cumplía ocho meses y lo encontró con una piel perfecta y sin manchas, sin rastro de ninguna marca de nacimiento. "¡Suerte! ¡Coincidencia! grita Caín. No. Abel sabe que esos son nombres que dan los que no tienen fe, a las obras de la fe.

"Andamos por fe, no por vista".

II CORINTIOS 5:7

Cuando la razón y los hechos de la vida se oponen a la idea, que deseas realizar y aceptas la evidencia de tus sentidos y los dictados de la razón como la verdad, has traído al Señor - tu conciencia - la ofrenda de Caín. Es obvio que tales ofrendas no Le agradan.

La vida en la tierra es un campo de entrenamiento para la creación de imágenes. Si sólo utilizas los moldes que te dictan tus sentidos, no habrá ningún cambio en tu vida. Estás aquí para vivir la vida más abundante, así que debes utilizar los moldes invisibles de la imaginación y hacer de los resultados y los logros la prueba crucial de tu poder de crear. Sólo cuando asumes el sentimiento del deseo cumplido y continúas en él, estás ofreciendo el regalo que complace.

"Cuando el regalo de Abel sea mi atuendo Entonces realizaré mi deseo".

El profeta Malaquías se queja de que el hombre ha robado a Dios: "Pero vosotros decís: ¿En qué te hemos robado? En diezmos y ofrendas".

Los hechos basados en la razón y la evidencia de los sentidos que se oponen a la idea que busca expresión, te roban la creencia en la realidad del estado invisible. Pero "la fe es la evidencia de las cosas que no se ven", y a través de ella "el Bien llama a las cosas que no son como si fueran".

Llama a lo que no se ve; asume el sentimiento de tu deseo cumplido.

"que haya alimento en mi casa, y probadme ahora en esto, dice Jehová de los ejércitos, si no os abriré las ventanas de los cielos, y derramaré sobre vosotros bendición, que no habrá lugar bastante para recibirla".

Esta es la historia de una pareja que vivía en Sacramento, California, que se negó a aceptar la evidencia de sus sentidos, que se negó a ser robada, a pesar de una pérdida aparente. La esposa había regalado a su marido un reloj de pulsera muy valioso. El regalo duplicó su valor por el sentimiento que él le tenía. Tenían un pequeño ritual con el reloj. Cada noche, cuando él se quitaba el reloj, se lo daba a ella y ella lo guardaba en una caja especial en la cómoda. Cada mañana, ella cogía el reloj y se lo daba a él para que se lo pusiera.

Una mañana el reloj había desaparecido. Ambos recordaban haber hecho su papel habitual la noche anterior, por lo que el reloj no se había perdido ni extraviado, sino robado. En ese momento, decidieron no aceptar el hecho de que realmente había desaparecido. Se dijeron: "Ésta es una oportunidad para practicar lo que creemos". Decidieron que, en su imaginación, llevarían a cabo su ritual habitual como si el reloj estuviera realmente allí. En su imaginación, cada noche el marido se quitaba el reloj y se lo daba a su mujer, mientras que en la imaginación de ella, ella aceptaba el reloj y lo guardaba cuidadosamente. Cada mañana, ella sacaba el reloj de su caja y se lo daba a su marido, quien, a su vez, se lo ponía. Así lo hicieron fielmente durante dos semanas.

Tras su vigilia de catorce días, un hombre entró en la única joyería de Sacramento donde se reconocería el reloj. Mientras ofrecía una joya para su tasación, el dueño de la tienda se fijó en el reloj de pulsera que llevaba. Con el pretexto de necesitar un examen más detenido de la piedra, entró en un despacho interior y llamó a la policía. Cuando la policía detuvo al hombre, encontró en su apartamento joyas robadas por valor de más de diez mil dólares. Caminando "por la fe, no por la vista", esta pareja consiguió su deseo - el reloj - y también ayudó a muchos otros a recuperar lo que parecía perdido para siempre.

"Si uno avanza con confianza en la dirección de su sueño, y se esfuerza por vivir la vida que ha imaginado, se encontrará con un éxito inesperado en las horas comunes".

THOREAU

PREGUNTAS Y RESPUESTAS PARA LA REFLEXIÓN

1. ¿Cómo redefine Neville Goddard las figuras de Caín y Abel en relación con nuestra conciencia?

- **Respuesta:** Neville presenta a Caín y Abel no como personajes externos sino como estados internos de conciencia. Caín representa una aceptación pasiva de la realidad dictada por los sentidos, mientras que Abel simboliza una imaginación impulsada por la fe que mira más allá de las limitaciones físicas. Esta distinción nos anima a entender estas figuras bíblicas como metáforas de enfoques contrastantes de la vida: uno centrado en los límites del mundo externo y el otro en el potencial ilimitado de la imaginación.

-

2. ¿Qué quiere decir Goddard cuando dice: "La fe sacrifica el hecho aparente por la verdad no aparente"?

- **Respuesta:** Goddard sugiere que la fe implica ignorar la evidencia sensorial inmediata para creer en una realidad deseada que aún no es visible. Al priorizar lo que imaginamos sobre lo que vemos, moldeamos activamente nuestras circunstancias, allanando el camino para lo que de otro modo podría parecer imposible. Esto requiere abrazar lo invisible con convicción, tratar las suposiciones como reales hasta que se materialicen.

-

3. ¿Cómo ilustra la historia de la marca de nacimiento del bebé el poder de la fe en este capítulo?

- **Respuesta:** La historia muestra cómo la tía usó la fe y la imaginación para imaginar a su sobrino sin su marca de nacimiento, incluso cuando los profesionales médicos la consideraron permanente. Al visualizar persistentemente su versión ideal de la realidad (viéndolo con la piel clara en su mente), fue testigo de cómo esta visión se hacía realidad. Este ejemplo subraya el punto de Goddard de que la fe es transformadora y puede hacer que "estados invisibles se conviertan en hechos visibles" cuando la fe es inquebrantable.

-

4. ¿De qué manera el ritual de la pareja con el reloj ejemplifica "caminar por fe, no por vista"?

- **Respuesta:** A pesar de perder un preciado reloj, la pareja optó por actuar como si todavía estuviera en su poder, siguiendo su ritual diario de darlo y recibirlo. Sus acciones llenas de fe ignoraron el aparente "hecho" de la pérdida, demostrando su creencia en una realidad diferente. Esta práctica de fe eventualmente condujo a la recuperación del reloj, reforzando la idea de Goddard de que la fe persistente puede alinear el mundo con nuestra visión.

-

5. ¿Por qué afirma Goddard que "la fe es la evidencia de las cosas que no se ven" y cómo se aplica esta idea a la manifestación de deseos?

- **Respuesta:** Goddard se alinea con la noción bíblica de que la fe es prueba de cosas invisibles al argumentar que asumir el sentimiento de un deseo cumplido hace realidad el resultado deseado. Al vivir como si el deseo ya estuviera satisfecho, proporcionamos la "evidencia" necesaria para su manifestación. Este concepto desplaza la confianza de la evidencia sensorial a la convicción interna, reforzando que las realidades invisibles pueden surgir mediante una fe firme.

-

6. ¿Cómo se puede aplicar prácticamente el "don de Abel" en la vida diaria según las enseñanzas de Goddard?

- **Respuesta:** En la práctica, aplicar el don de Abel implica utilizar activamente la imaginación para construir una versión preferida de la realidad. En lugar de rendirnos a las apariencias o circunstancias indeseables, imaginamos los resultados que deseamos experimentar, encarnándolos como si ya fueran reales. Este acto deliberado de imaginación es lo que Goddard considera el sacrificio que agrada a "el Señor" (o nuestra propia conciencia), permitiéndonos trascender las limitaciones y hacer realidad los sueños.

CAPÍTULO CUATRO
LA ESCALA DEL SER

"Y soñó, y he aquí una escalera puesta sobre la tierra, cuya cúspide llegaba hasta el cielo; y he aquí los ángeles de Dios que subían y descendían por ella. Y he aquí que el Señor estaba sobre ella".

GÉNESIS 28:12, 13

En un sueño, en una visión de la noche, cuando el sueño profundo cayó sobre Jacob, su ojo interior se abrió y contempló el mundo como una serie de niveles de conciencia ascendentes y descendentes. Fue una revelación de la más profunda comprensión de los misterios del mundo. Jacob vio una escala vertical de valores ascendentes y descendentes, o estados de conciencia. Esto daba sentido a todo en el mundo exterior, porque sin tal escala de valores no habría sentido a la vida.

En todo momento, el hombre se sitúa en la escala eterna del sentido. No hay ningún objeto o acontecimiento que haya tenido lugar o que esté teniendo lugar ahora que carezca de significado. El significado de un objeto o acontecimiento para el individuo es un índice directo del nivel de su conciencia.

Por ejemplo, tienes este libro en la mano. En un nivel de conciencia, es un objeto en el espacio.

En un nivel superior, es una serie de letras sobre papel, dispuestas según ciertas reglas. En un nivel aún más elevado, es una expresión de significado.

Mirando hacia fuera, se ve primero el libro, pero en realidad, el significado es lo primero. Ocupa un grado superior de significación que la disposición de las letras sobre el papel o el libro como objeto en el espacio. El significado determina la disposición de las letras; la disposición de las letras sólo expresa el significado. El significado es invisible y está por encima de la disposición visible de las letras. Si no hubiera significado que expresar, no se habría escrito ni publicado ningún libro.

"Y he aquí que el Señor estaba sobre él".

El Señor y el significado son uno: el Creador, la causa de los fenómenos de la vida.

"En el principio era el Verbo, y el Verbo estaba con Dios, y el Verbo era Dios".

JUAN 1:1

En el principio era la intención - el significado - y la intención estaba con el que tenía la intención, y la intención era el que tenía la intención. Los objetos y los acontecimientos en el tiempo y en el espacio ocupan un nivel de significación inferior al nivel del significado que los produjo. Todas las cosas fueron hechas por el significado, y sin significado no fue hecho nada de lo que fue hecho. Es muy importante comprender que todo lo que se ve puede considerarse el efecto, en un nivel inferior de significación, de un orden superior de significación que no se ve.

Nuestro modo habitual de proceder consiste en intentar explicar los niveles superiores de significación -por qué suceden las cosas- en términos de los inferiores -qué y cómo suceden las cosas-. Por ejemplo, tomemos un accidente real e intentemos explicarlo.

La mayoría de nosotros vivimos en el nivel de lo que ocurrió: el accidente fue un acontecimiento en el espacio, un automóvil chocó contra otro y prácticamente lo destrozó. Algunos vivimos en el nivel superior de "cómo" ocurrió el accidente: era una noche lluviosa, la carretera estaba resbaladiza y el segundo coche derrapó contra el primero. En raras ocasiones, unos pocos alcanzamos el nivel superior o causal del "por qué" se produce un accidente de este tipo. Entonces nos damos cuenta de lo invisible, el estado de conciencia que produjo el acontecimiento visible.

En este caso, el coche siniestrado era conducido por una viuda que, aunque sentía que no podía permitírselo, deseaba enormemente cambiar su entorno. Esta viuda, que había oído que, con el uso adecuado de la imaginación, podía hacer y ser todo lo que deseara, se imaginaba a sí misma viviendo en la ciudad de sus deseos. Al mismo tiempo, vivía consciente de las pérdidas, tanto personales como económicas. Por lo tanto, provocó un acontecimiento que aparentemente era otra pérdida, pero la suma de dinero que le pagó la compañía de seguros le permitió realizar el cambio deseado en su vida.

Cuando vemos el "por qué" detrás del aparente accidente, el estado de conciencia que produjo el accidente, llegamos a la conclusión de que no hay accidente. Todo en la vida tiene su significado in-visible.

El hombre que se entera de un accidente, el hombre que sabe "cómo" ocurrió y el hombre que sabe "por qué" ocurrió se encuentran en tres niveles diferentes de conciencia con respecto a ese accidente. En la escala ascendente, cada nivel superior nos lleva un paso adelante hacia la verdad del accidente.

Debemos esforzarnos constantemente por elevarnos al nivel superior del significado, el significado que siempre es invisible y está por encima del acontecimiento físico. Pero, recuerda, el significado o la causa de los fenómenos de la vida sólo puede encontrarse dentro de la conciencia del hombre.

El hombre está tan absorto en el lado visible del drama de la vida -el lado de "qué" ha sucedido y "cómo" ha sucedido- que rara vez se eleva al lado invisible de "por qué" ha sucedido. Se niega a aceptar la advertencia del Profeta de que:

"Las cosas que se ven no fueron hechas de cosas que aparecen".

HEBREWS 11:3

Sus descripciones de "lo que" ha sucedido y "cómo" ha sucedido son ciertas en términos de su correspondiente nivel de pensamiento, pero cuando se pregunta "por qué" ha sucedido, todas las explicaciones físicas se vienen abajo y se ve obligado a buscar el "por qué", o el significado de ello, en el nivel invisible y superior. El análisis mecánico de los acontecimientos sólo se ocupa de las relaciones externas de las cosas. Tal curso nunca alcanzará el nivel que encierra el secreto de por qué suceden los acontecimientos. El hombre debe reconocer que los lados inferiores y visibles fluyen desde el nivel invisible y superior del significado.

La intuición es necesaria para elevarnos al nivel del significado, al nivel de por qué suceden las cosas. Sigamos el consejo del profeta hebreo de antaño y "levantemos los ojos a las colinas" dentro de nosotros mismos, y observemos lo que está ocurriendo allí. Veamos qué ideas hemos aceptado como verdaderas, qué estados hemos consentido, qué sueños, qué deseos y, sobre todo, qué intenciones. Es a partir de estas colinas que todas las cosas vienen a revelar nuestra estatura -nuestra altura- en la escala vertical del sentido. Si levantamos los ojos hacia "el Tú en Mí que trabaja tras el Velo", veremos el sentido de los fenómenos de la vida.

Los acontecimientos aparecen en la pantalla del espacio para expresar los diferentes niveles de conciencia del hombre. Un cambio en el nivel de su conciencia se traduce automáticamente en un cambio de los fenómenos de su vida. Intentar cambiar las condiciones antes de cambiar el nivel de conciencia del que proceden es luchar en vano. El hombre redime el mundo a medida que asciende en la escala vertical del sentido.

Vimos, en la analogía del libro, que a medida que la conciencia se elevaba al nivel en el que el hombre podía ver el significado expresado en la disposición de sus letras, también incluía el conocimiento de que las letras estaban dispuestas de acuerdo con ciertas reglas, y que tales disposiciones, cuando se imprimían en papel y se encuadernaban, formaban un libro. Lo que es cierto del libro es cierto de todos los acontecimientos del mundo.

"No harán daño ni destruirán en todo mi santo monte; porque la tierra estará llena del conocimiento del Señor, como las aguas cubren el mar".

ISAÍAS 11:9

Nada ha de ser desechado; todo ha de ser redimido. Nuestras vidas, que ascienden por la escala vertical del significado hacia una conciencia cada vez mayor - una conciencia de las cosas de mayor significado - son el proceso por el que se lleva a cabo esta redención.

Así como el hombre ordena las letras en palabras, y las palabras en frases para expresar el significado, de la misma manera, la vida ordena las circunstancias, las condiciones y los acontecimientos para expresar los significados invisibles o las actitudes de los hombres. Nada carece de significado. Pero el hombre, que desconoce el nivel superior del significado interior, contempla un panorama de acontecimientos en movimiento y no le ve sentido a la vida. Siempre hay un nivel de significado que determina los acontecimientos y su relación esencial con nuestras vidas.

He aquí una historia que nos permitirá captar el bien en las cosas que parecen malas; retener el juicio y actuar correctamente en medio de problemas sin resolver.

Hace apenas unos años, nuestro país se vio conmocionado por una aparente injusticia en nuestro entorno. La historia se contó en la radio y la televisión, así como en los periódicos. Tal vez recuerden el incidente. El cuerpo de un joven soldado estadounidense muerto en Corea fue devuelto a su casa para ser enterrado. Justo antes del servicio, a su mujer le hicieron una pregunta rutinaria: ¿Era su marido caucásico? Cuando respondió que era indio, se le denegó el entierro. Esta negativa se ajustaba a las leyes de aquella comunidad, pero despertó el interés de toda la nación. Nos indignó que a alguien que había muerto al servicio de su país se le negara el entierro en cualquier lugar de su país. La historia llegó a oídos del Presidente de los Estados Unidos, que ofreció un entierro con todos los honores militares en el Cementerio Nacional de Arlington. Tras el funeral, la esposa dijo a los periodistas que su marido siempre había soñado con morir como un héroe y ser enterrado con todos los honores militares.

Cuando, en Estados Unidos, tuvimos que explicar por qué personas progresistas e inteligentes como nosotros, no sólo promulgaron sino que apoyaron tales leyes en nuestra gran tierra de libres y valientes, nos costó encontrar una explicación. Nosotros, como observadores, sólo habíamos visto "qué" ocurría y "cómo" ocurría. No vimos "por qué" ocurrió. Había que rechazar ese entierro para que aquel muchacho pudiera hacer realidad su sueño. Intentamos explicar el drama en términos del nivel inferior de "cómo" sucedió, explicación que no pudo satisfacer al que había preguntado "por qué" sucedió.

La verdadera respuesta, vista desde el nivel del significado superior, sería una inversión tal de nuestros hábitos comunes de pensamiento que sería rechazada al instante. La verdad es que los estados futuros son causales de los hechos presentes - el niño indio que soñaba con la muerte de un héroe, con todos los honores militares, estaba como Lady Macbeth transportado "más allá de este presente ignorante", y podía "sentir ahora el futuro en el instante".

"y por él, estando muerto, aún habla".

HEBREOS 11:4

PREGUNTAS Y RESPUESTAS PARA LA REFLEXIÓN

1. ¿Qué simboliza el sueño de Jacob sobre la escalera en términos de conciencia y significado?

- **Respuesta:** El sueño de Jacob simboliza los diferentes niveles de conciencia que existen dentro de nosotros. La escalera representa una escala del ser donde cada recorrido significa un nivel superior de conciencia. Esto indica que nuestra percepción de la realidad no es fija; en cambio, puede ascender a una mayor comprensión y significado, permitiéndonos captar el significado detrás de los eventos y objetos de nuestras vidas.

-

2. ¿Cómo podemos aplicar el concepto de niveles de conciencia ascendentes y descendentes a nuestras experiencias cotidianas?

- **Respuesta:** Podemos abordar nuestras experiencias reconociendo que cada situación tiene múltiples capas de significado. En lugar de simplemente reaccionar ante los acontecimientos basándonos en apariencias superficiales (qué y cómo sucedieron las cosas), podemos intentar comprender las razones más profundas (el por qué) detrás de ellas. Esta perspectiva nos anima a buscar las lecciones y los conocimientos que ofrece cada experiencia, ayudándonos a crecer en conciencia y conocimiento.

-

3. ¿De qué manera el "qué" y el "cómo" de un evento difieren del "por qué" y por qué es importante esta distinción?

- **Respuesta:** El "qué" se refiere a los hechos observables de un evento, mientras que el "cómo" explica la mecánica o los procesos que conducen a ese evento. El "por qué", sin embargo, profundiza en la conciencia o intención subyacente que causó el evento. Esta distinción es crucial porque nos permite pasar de un enfoque puramente externo a una exploración interna de creencias e intenciones que dan forma a nuestra realidad, lo que lleva a una mayor autoconciencia y empoderamiento.

-

4. ¿Por qué es esencial reconocer que el significado es a menudo invisible y se encuentra por encima de los acontecimientos visibles?

- **Respuesta:** Reconocer que el significado es a menudo invisible nos permite comprender que nuestras percepciones e interpretaciones están limitadas por nuestro nivel actual de conciencia. Al reconocer que existen niveles más elevados de significado, podemos cultivar una mentalidad que busque descubrir estas verdades, mejorando nuestra capacidad para afrontar los desafíos de la vida y transformar nuestras experiencias en oportunidades de crecimiento.

-

5. Reflexiona sobre una experiencia reciente en la que sólo consideraste el "qué" o el "cómo" de la situación. ¿Cómo podría cambiar tu perspectiva la búsqueda del "por qué"?

- **Respuesta:** Al considerar sólo el "qué" o el "cómo", podemos perder ideas o lecciones valiosas incorporadas en la experiencia. Si hubiera buscado el "por qué", podría haber descubierto creencias o deseos subyacentes que influyeron en mis reacciones, llevándome a una comprensión más profunda de mí mismo y de cómo puedo cambiar mis experiencias futuras. Este cambio de perspectiva podría fomentar la resiliencia y un enfoque proactivo ante los desafíos.

-

6. ¿Cómo puede influir en nuestros pensamientos y acciones la idea de que "los estados futuros son causa de hechos presentes"?

- **Respuesta:** Esta idea sugiere que nuestras circunstancias actuales no son fijas y pueden ser transformadas por nuestros pensamientos y creencias sobre el futuro. Al visualizar los resultados deseados y encarnar los sentimientos asociados con esos resultados, podemos influir activamente en nuestra realidad presente. Esto nos permite crear la vida que imaginamos en lugar de aceptar pasivamente nuestra situación actual.

-

7. ¿Qué papel juega la intuición a la hora de ayudarnos a ascender en la escala vertical del significado?

- Respuesta: La intuición sirve como fuerza guía que nos ayuda a acceder a nuestra comprensión y conciencia más profundas. Nos anima a mirar más allá de la superficie de los acontecimientos y confiar en nuestra sabiduría interior para buscar el significado detrás de ellos. Al cultivar nuestras habilidades intuitivas, podemos cultivar una conexión más profunda con nuestra conciencia y el mundo que nos rodea.

CAPÍTULO CINCO
EL JUEGO DE LA VIDA

"Puedo más fácilmente enseñar a veinte lo que es bueno hacer, que ser uno de los veinte que sigan mis propias enseñanzas".

SHAKESPEARE

Con esta confesión fuera de mi mente, ahora te enseñaré cómo jugar el juego de la vida. La vida es un juego y, como todos los juegos, tiene sus objetivos y sus reglas.

En los pequeños juegos que inventan los hombres, como el cricket, el tenis, el béisbol, el fútbol, etc., las reglas pueden cambiarse de vez en cuando. Una vez acordados los cambios, el hombre debe aprender las nuevas reglas y jugar el juego dentro del marco de las reglas aceptadas.

Sin embargo, en el juego de la vida, las reglas no pueden cambiarse ni romperse. Sólo se puede jugar al juego de la vida dentro del marco de sus reglas universales y eternamente fijas.

El juego de la vida se juega en el terreno de juego de la mente.

Al jugar a un juego, lo primero que nos preguntamos es: "¿Cuál es su objetivo y propósito?" y lo segundo,

"¿Cuáles son las reglas que rigen el juego?". En el juego de la vida, nuestro principal objetivo es aumentar la conciencia, la conciencia de las cosas de mayor importancia; y nuestro segundo objetivo es alcanzar nuestros objetivos, realizar nuestros deseos.

En cuanto a nuestros deseos, las reglas sólo llegan a indicar el camino que debemos seguir para realizarlos, pero los deseos en sí deben ser asunto del propio individuo. Las reglas que rigen el juego de la vida son sencillas, pero se necesita toda una vida de práctica para utilizarlas sabiamente. He aquí una de las reglas:

"Como piensa en su corazón, así es él".

PROVERBIOS 23:7

Normalmente se cree que el pensamiento es una función totalmente libre y sin trabas, sin ninguna regla que lo limite. Pero eso no es cierto. El pensamiento se mueve por sus propios procesos en un territorio delimitado, con caminos y pautas definidos.

"El pensamiento sigue las pistas trazadas en las propias conversaciones interiores".

Todos podemos realizar nuestros objetivos mediante el sabio uso de la mente y la palabra.

La mayoría de nosotros somos totalmente inconscientes de la actividad mental que se desarrolla en nuestro interior. Pero para jugar el juego de la vida con éxito, debemos ser conscientes de cada una de nuestras actividades mentales, porque esta actividad, en forma de conversaciones interiores, es la causa de los fenómenos exteriores de nuestra vida.

"De toda palabra ociosa que hablare el hombre, de ella dará cuenta en el día del juicio. Porque por tus palabras serás justificado, y por tus palabras serás condenado".
MATEO 12:36, 37

La ley de la Palabra no puede ser quebrantada.
". Ni un hueso suyo será quebrado".
JUAN 19:36

La ley de la Palabra nunca pasa por alto una palabra interior ni hace la menor concesión a nuestra ignorancia de su poder. Ella modela la vida a nuestro alrededor como nosotros, por nuestras conversaciones interiores, modelamos la vida dentro de nosotros mismos. Esto se hace para revelarnos nuestra posición en el campo de juego de la vida. En el juego de la vida no hay adversario, sólo existe la meta.

No hace mucho, hablaba de esto con un exitoso y filantrópico hombre de negocios. Me contó una historia sobre sí mismo que me hizo reflexionar.

Me dijo: "Sabes, Neville, la primera vez que aprendí sobre los objetivos en la vida fue a los catorce años, y fue en el campo de juego de la escuela. Era bueno en atletismo y había tenido un buen día, pero me quedaba una carrera por correr y tenía una dura competencia en otro chico. Estaba decidido a ganarle. Le gané, es cierto, pero, mientras no le quitaba ojo de encima, un tercer chico, que no se consideraba competencia en absoluto, ganó la carrera."

"Aquella experiencia me enseñó una lección que he utilizado a lo largo de mi vida. Cuando la gente me pregunta por mi éxito, debo decir que creo que se debe a que nunca he hecho de 'ganar dinero' mi meta:

'Mi meta es el uso sabio y productivo del dinero'".

Las conversaciones interiores de este hombre se basan en la premisa de que ya tiene dinero, su constante pregunta interior: el uso adecuado del mismo.

Las conversaciones interiores del hombre que lucha por "conseguir" dinero sólo demuestran su falta de dinero.

En su ignorancia del poder de la palabra, está construyendo barreras en el camino de la consecución de su objetivo; tiene la vista puesta en la competencia más que en el propio objetivo.

"La culpa, querido Brutus, no está en nuestras estrellas, sino en nosotros mismos, que somos subalternos".
JULIO CÉSAR: ACTO I, ESCENA II

Al igual que "los mundos fueron creados por la Palabra de Dios", nosotros, "imitadores de Dios como hijos queridos", creamos las condiciones y circunstancias de nuestras vidas mediante nuestras todopoderosas palabras interiores humanas.

Sin la práctica, el conocimiento más profundo del juego no produciría los resultados deseados.

"Al que sabe hacer el bien" -es decir, conoce las reglas- y no lo hace, le es pecado". En otras palabras, erraría el tiro y no lograría su objetivo.

En la parábola de los Talentos, la condena del Maestro al siervo que descuidó el uso de su don es clara e inequívoca, y habiendo descubierto una de las reglas del juego de la vida, corremos el riesgo de fracasar si la ignoramos. El talento no utilizado, como el miembro no ejercitado, se adormece y finalmente se atrofia. Debemos ser "hacedores de la Palabra, y no sólo oidores". Puesto que el pensamiento sigue las huellas trazadas en las propias conversaciones interiores, no sólo podemos ver adónde vamos en el campo de juego de la vida observando nuestras conversaciones interiores, sino que también podemos determinar adónde iremos controlando y dirigiendo nuestra conversación interior.

¿Qué pensarías, dirías y harías si ya fueras el que quieres ser? Empieza a pensar, decir y hacer esto interiormente. Se te dice que "hay una vara en el cielo que revela los secretos", y, debes recordar siempre que el cielo está dentro de ti; y para dejar bien claro quién es Dios, dónde está y cuáles son sus secretos, Daniel continúa: "Tu sueño y las visiones de tu cabeza son éstos". Revelan las huellas a las que estás atado, y señalan la dirección en la que te diriges.

Esto es lo que hizo una mujer para desviar las vías a las que había estado infelizmente atada en la dirección en la que quería ir. Durante dos años se había mantenido alejada de las tres personas que más quería. Se había peleado con su nuera, que la había echado de casa. Durante esos dos años, no había visto ni tenido noticias de su hijo, de su nuera ni de su nieto, aunque entretanto le había enviado numerosos regalos. Cada vez que pensaba en su familia, que era a diario, mantenía una conversación mental con su nuera, culpándola de la disputa y acusándola de egoísta.

Al escuchar una noche una conferencia mía -era esta misma conferencia sobre el juego de la vida y cómo jugarlo- se dio cuenta de repente de que ella era la causa del prolongado silencio y que ella, y sólo ella, debía hacer algo al respecto. Reconociendo que su objetivo era tener la antigua relación amorosa, se propuso la tarea de cambiar por completo su forma de hablar interior.

Esa misma noche, en su imaginación, construyó dos cartas cariñosas y tiernas escritas para ella, una de su nuera y la otra de su nieto. En su imaginación, las leyó una y otra vez hasta que se durmió con la alegría de haber recibido las cartas. Repitió este acto imaginario cada noche durante ocho noches. En la mañana del noveno día, recibió un sobre que contenía dos cartas, una de su nuera y otra de su nieto. Eran cartas cariñosas y tiernas que la invitaban a visitarlos, casi réplicas de las que había construido mentalmente. Utilizando su imaginación consciente y amorosamente, había desviado las vías a las que estaba atada, en la dirección que quería ir, hacia una feliz reunión familiar.

Un cambio de actitud es un cambio de posición en el campo de juego de la vida. El juego de la vida no se juega ahí fuera, en lo que se llama espacio y tiempo; los verdaderos movimientos en el juego de la vida tienen lugar dentro, en el campo de juego de la mente.

"Perdiendo tu alma, tu alma
De nuevo, para encontrar; Rindiendo hacia esa meta
Tu mente separada".

LAURENCE HOUSMAN

PREGUNTAS Y RESPUESTAS PARA LA REFLEXIÓN

1. ¿Qué significa ver la vida como un juego y cómo puede esta perspectiva influir en nuestra manera de abordar los desafíos?

- **Respuesta:** Ver la vida como un juego nos permite adoptar una mentalidad de alegría y experimentación en lugar de presión y miedo. Esta perspectiva nos anima a aceptar los desafíos como oportunidades para aprender y crecer, ayudándonos a centrarnos en nuestros objetivos y las reglas del juego en lugar de sentirnos abrumados por los contratiempos. Promueve la resiliencia y la voluntad de probar diferentes estrategias para lograr nuestros deseos.

-

2. ¿Cuáles son las "reglas fijas" del juego de la vida y por qué es importante entenderlas?

- **Respuesta:** Las reglas fijas del juego de la vida se refieren a los principios universales que rigen nuestros pensamientos, acciones y sus consecuencias. Comprender estas reglas es crucial porque proporcionan un marco para lograr nuestras metas y deseos. Al reconocer que nuestras conversaciones internas dan forma a nuestras realidades externas, podemos aprender a navegar la vida de manera más efectiva y alinear nuestros pensamientos con nuestras intenciones.

-

3. ¿Cómo afecta el concepto de "conversaciones internas" nuestra capacidad para lograr nuestros objetivos?

- **Respuesta:** Las conversaciones internas reflejan nuestras creencias, actitudes y expectativas sobre nosotros mismos y nuestras circunstancias. Dan forma a nuestra forma de pensar e influyen en nuestras acciones. Al tomar conciencia de estas conversaciones, podemos dirigirlas conscientemente hacia la positividad y el empoderamiento, lo que puede mejorar nuestra motivación y determinación para lograr nuestros objetivos. El diálogo interno negativo puede crear barreras para el éxito, mientras que las conversaciones positivas pueden abrir puertas a oportunidades.

-

4. ¿De qué manera podemos cambiar conscientemente nuestro diálogo interno para alinearlo con los resultados deseados?

- **Respuesta:** Podemos cambiar nuestro diálogo interior reemplazando conscientemente pensamientos negativos o limitantes con afirmaciones y visualizaciones que reflejen nuestro estado deseado.

Por ejemplo, en lugar de pensar: "No puedo lograr esto", podemos replantearlo y decir: "Soy capaz de lograr este objetivo". La práctica regular, como técnicas de visualización y afirmaciones, puede reforzar este nuevo diálogo, ayudando a moldear nuestras creencias y acciones de manera positiva.

-

5. Reflexiona sobre una experiencia personal en la que tu forma de pensar o tu conversación interna influyeron en el resultado de una situación. ¿Qué aprendiste de ello?

- **Respuesta:** [Esta respuesta variará según el individuo.] Por ejemplo, podría recordar un momento en el que me estaba preparando para una presentación. Al principio, estaba lleno de dudas y ansiedad, lo que afectó mi desempeño. Después de cambiar conscientemente mi conversación interna para centrarme en mi preparación y el valor que aportaría, me sentí más seguro y me desempeñé mejor. Esto me enseñó el poder de la mentalidad y la importancia de cultivar un diálogo interior positivo.

-

6. ¿Por qué es esencial centrarse en el objetivo en sí y no en la competencia cuando se lucha por alcanzar el éxito?

- **Respuesta:** Centrarse en el objetivo en lugar de en la competencia nos permite mantener la claridad y la motivación hacia el resultado deseado. Cuando nos fijamos en los demás, podemos distraernos y perder de vista nuestro camino único. Concentrarnos en nuestros objetivos personales fomenta una mentalidad de crecimiento, lo que nos permite canalizar nuestra energía en acciones que se alinean con nuestras metas en lugar de compararnos con los demás.

-

7. ¿Cómo ilustra la historia de la mujer que transformó sus relaciones familiares los principios analizados en el capítulo?

- **Respuesta:** La historia de la mujer ejemplifica cómo cambiar sus conversaciones internas condujo a una transformación tangible en sus relaciones. Al imaginar interacciones amorosas y centrarse en su deseo de conexión, cambió efectivamente su forma de pensar y su estado emocional. Esto ilustra el principio de que nuestro mundo interior influye directamente en nuestras experiencias exteriores, mostrando que al alinear nuestros pensamientos y sentimientos con nuestros deseos, podemos manifestar cambios positivos en nuestras vidas.

-

8. ¿Qué pasos puedes tomar para asegurarte de ser un "hacedor de la Palabra" en lugar de simplemente un "oyente"?

- **Respuesta:** Para ser un "hacedor de la Palabra", puedo comprometerme a practicar consistentemente los principios discutidos en el capítulo. Esto incluye establecer intenciones claras, participar en una autorreflexión regular para monitorear mis conversaciones internas y aplicar activamente técnicas de visualización y afirmaciones. También puedo buscar la rendición de cuentas a través de conversaciones con otras personas que comparten objetivos similares, asegurándome de mantenerme enfocado en tomar medidas viables hacia los resultados deseados.

CAPÍTULO SEIS
TIEMPO, TIEMPOS Y LA MITAD

"Y uno dijo al hombre vestido de lino, que estaba sobre las aguas del río,

¿Hasta cuándo será el fin de estas maravillas? Y oí al varón vestido de lino, que estaba sobre las aguas del río, que alzaba su diestra y su siniestra al cielo, y juraba por el que vive para siempre que sería por tiempo, tiempos y medio."

DANIEL 12:6, 7

En una de las conferencias que di en Los Ángeles sobre el tema del significado oculto tras las historias de la Biblia, alguien me pidió que interpretara la cita anterior del Libro de Daniel. Después de confesar que no conocía el significado de ese pasaje en particular, una señora del público se dijo: "Si la mente se comporta de acuerdo con la suposición con la que comienza, entonces encontraré la verdadera respuesta a esa pregunta y se la diré a Neville". Y esto es lo que ella me dijo

"Anoche se planteó la pregunta: "¿Cuál es el significado de "tiempo, tiempos y medio", tal como se registra en Daniel 12:7?". Antes de irme a dormir anoche, me dije a mí mismo: 'Ahora hay una respuesta simple a esta pregunta, así que asumiré que la conozco y mientras duermo mi yo mayor encontrará la respuesta y se la revelará a mi yo menor en sueño o visión.'"

"Alrededor de las cinco de la mañana me desperté. Era demasiado temprano para levantarme, así que permaneciendo en la cama caí rápidamente en ese estado medio soñador entre la vigilia y el sueño, y mientras estaba en ese estado me vino a la mente la imagen de una anciana. Estaba sentada en una mecedora y se mecía de un lado a otro, de un lado a otro. Entonces una voz que sonaba como tu voz me dijo: 'Hazlo una y otra y otra vez hasta que adquiera tonos de realidad'".

"Salté de la cama y volví a leer el capítulo duodécimo de Daniel, y ésta es la respuesta intuitiva que recibí. Tomando los versículos sexto y séptimo, pues constituían la pregunta de anoche, sentí que si las vestiduras con las que se viste a los personajes bíblicos corresponden a su nivel de conciencia, como usted enseña, entonces el lino debe representar un nivel de conciencia muy elevado en verdad, pues el 'hombre vestido de lino' estaba de pie 'sobre las aguas del río' y si, como usted enseña, el agua simboliza un alto nivel de verdad psicológica, entonces el individuo que podía caminar sobre ella debía representar verdaderamente un estado exaltado de conciencia. Por lo tanto, me pareció que lo que tenía que decir era muy significativo. La pregunta que se le hizo fue: "¿Cuánto falta para el fin de estas maravillas? Y su respuesta fue: "Un tiempo, tiempos y medio". Recordando mi visión de la anciana meciéndose de un lado a otro, y tu voz diciéndome 'hazlo una y otra y otra vez hasta que tome los tonos de la realidad', y recordando que esta visión y tu instrucción vinieron a mí en respuesta a mi suposición de que sabía la respuesta, intuitivamente sentí que la pregunta hecha al 'hombre vestido de lino' significaba cuánto tiempo pasará hasta que los maravillosos sueños que estoy soñando se hagan realidad. Y su respuesta es: 'Hazlo una y otra y otra vez hasta que tome tintes de realidad'. 'Un tiempo' significa realizar la acción imaginaria que implica el cumplimiento del deseo; 'Tiempos' significa repetir la acción imaginaria una y otra vez, y 'un medio' significa el momento de quedarse dormido mientras se realiza la acción imaginaria, pues ese momento suele llegar antes de que se complete la acción predeterminada y, por lo tanto, puede decirse que es un medio, o parte, de un tiempo."

Obtener tal comprensión interna de las Escrituras por la simple suposición de que ella sí conocía la respuesta, fue una experiencia maravillosa para esta mujer. Sin embargo, para conocer el verdadero significado de "tiempo, tiempos y medio" ella debe aplicar su comprensión en su vida diaria. Nunca perdemos la oportunidad de poner a prueba esta comprensión, ya sea para nosotros mismos o para los demás.

Hace unos años, una viuda que vivía en el mismo edificio que nosotros vino a verme por su gato. Era su compañero inseparable y muy querido. Sin embargo, tenía ocho años y estaba muy enfermo y dolorido. Llevaba días sin comer y no se movía de debajo de la cama. Dos veterinarios habían visto al gato y habían aconsejado a la mujer que no podía curarse y que debía ser sacrificado inmediatamente. Le sugerí que esa noche, antes de acostarse, creara en su imaginación alguna acción que indicara que el gato volvía a estar sano. Le aconsejé que lo hiciera una y otra vez hasta que adquiriera el tono de la realidad.

Prometió hacerlo. Sin embargo, bien por falta de fe en mi consejo, bien por falta de fe en su propia capacidad para llevar a cabo la acción imaginaria, pidió a su sobrina que pasara la noche con ella.

Esta petición la hizo para que, si el gato no estaba bien por la mañana, la sobrina pudiera llevarlo al veterinario y ella, la dueña, no tuviera que enfrentarse a tan temida tarea. Aquella noche, se acomodó en un sillón y empezó a imaginar que el gato retozaba a su lado, arañaba los muebles y hacía muchas cosas que normalmente no se habría permitido. Cada vez que se daba cuenta de que su mente se había desviado de su tarea predeterminada para ver a un gato normal, sano y juguetón, volvía a centrar su atención en la habitación e iniciaba de nuevo la acción imaginaria. Esto lo hizo una y otra vez hasta que, finalmente, aliviada, se quedó dormida, todavía sentada en su silla.

A eso de las cuatro de la mañana, la despertó el llanto de su gato. Estaba junto a su silla. Tras llamar su atención, la condujo a la cocina, donde le pidió comida. Ella le preparó un poco de leche caliente, que bebió rápidamente, y lloró pidiendo más.

Aquel gato vivió cómodamente durante cinco años más, cuando, sin dolor ni enfermedad, murió naturalmente mientras dormía.

"¿Cuánto falta para el fin de estas maravillas? Un tiempo, tiempos y medio. En un sueño, en una visión nocturna, cuando el sueño profundo cae sobre los hombres, cuando duermen en la cama; Entonces abre los oídos de los hombres, y sella sus instrucciones."

JOB 33:15, 16

PREGUNTAS Y RESPUESTAS PARA LA REFLEXIÓN

1. ¿Qué crees que simboliza la frase "tiempo, tiempos y medio" en el contexto de la manifestación de deseos?

- **Respuesta:** "Tiempo, tiempos y medio" puede interpretarse como una metáfora del proceso de manifestación. "Un tiempo" representa el acto inicial de imaginar o afirmar un deseo, "tiempos" significa la repetición y la coherencia necesarias para reforzar ese deseo, y "la mitad" sugiere la importancia de rendirse al proceso, que a menudo ocurre justo antes de dormir, cuando Nuestro subconsciente es más receptivo a nuevas ideas. Esto subraya la necesidad de paciencia y compromiso para hacer realidad nuestros deseos.

-

2. ¿Cómo influye el concepto de asumir conocimiento o comprensión en nuestra capacidad para resolver problemas o encontrar respuestas?

- **Respuesta:** Asumir que el conocimiento nos permite aprovechar nuestra intuición y creatividad. Esta mentalidad nos anima a explorar posibilidades y buscar ideas desde dentro, en lugar de depender únicamente de fuentes externas. Cuando abordamos los problemas con confianza y con la creencia de que podemos descubrir soluciones, es más probable que involucremos nuestra mente subconsciente, lo que nos lleva a revelaciones y avances creativos.

-

3. ¿De qué manera el ejercicio imaginativo de la mujer demostró el poder de la visualización para lograr su objetivo?

- **Respuesta:** La práctica de visualización de la mujer ejemplifica cómo involucrar la imaginación puede conducir a resultados transformadores. Al imaginar repetidamente a su gato sano y activo, alineó su realidad interior con su deseo de que su gato se recuperara. Este ensayo mental constante la ayudó a fomentar un sentido de creencia y expectativa, que finalmente se manifestó en la mejora de la salud del gato. Ilustra el principio de que lo que visualizamos constantemente y en lo que invertimos emocionalmente puede moldear nuestras circunstancias externas.

-

4. ¿Qué papel juega la fe en la eficacia de las prácticas mentales, como se ve en la experiencia de la mujer?

- **Respuesta:** La fe es crucial en la efectividad de las prácticas mentales porque da forma a nuestras creencias y expectativas. Al principio, la mujer tuvo problemas con la fe en su capacidad para manifestar cambios, lo que la llevó a buscar apoyo externo. Sin embargo, una vez que se dedicó al ejercicio imaginativo con un renovado sentido de propósito, su creencia en el potencial de la práctica se convirtió en un catalizador del éxito. La fe actúa como un puente entre el deseo y la manifestación, reforzando la noción de que nuestros pensamientos y creencias impactan significativamente nuestras experiencias.

-

5. Reflexiona sobre un momento en el que utilizas la visualización o el ensayo mental para lograr una meta. ¿Qué hiciste y cuál fue el resultado?

- **Respuesta:** [Esta respuesta variará según el individuo.] Por ejemplo, podría recordar haberme preparado para una presentación importante. Me visualicé entregando mi mensaje con confianza y recibiendo comentarios positivos. Mientras practicaba esta visualización con regularidad, me sentí más seguro y concentrado. El día de la presentación pronuncié mi discurso sin problemas y las reacciones positivas confirmaron el poder de la visualización. Esta experiencia me enseñó que una preparación mental constante puede mejorar el rendimiento y la confianza.

-

6. ¿Cómo podemos aplicar la lección de "hacerlo una y otra vez hasta que adquiera tonos de realidad" en nuestra vida diaria?

- **Respuesta:** Podemos aplicar esta lección estableciendo prácticas regulares que refuercen nuestras metas y deseos. Esto podría incluir reservar tiempo para la visualización, escribir un diario sobre nuestras metas como si ya las hubieran logrado o afirmar declaraciones positivas sobre nosotros mismos y nuestras capacidades. La coherencia en estas prácticas ayuda a incorporar las realidades deseadas en nuestra mente subconsciente, haciéndolas sentir más alcanzables y reales.

-

7. ¿Qué revela la cita de Job sobre los sueños y las visiones acerca de la naturaleza de la creatividad y la perspicacia?

- **Respuesta:** La cita sugiere que los sueños y las visiones sirven como canales para la percepción y la creatividad divinas. Durante el sueño profundo o los momentos de relajación, nuestra mente subconsciente está abierta a recibir orientación e inspiración. Esto subraya la importancia del descanso y la introspección en el proceso creativo, destacando que algunas de nuestras ideas y soluciones más profundas pueden surgir cuando silenciamos el ruido de la mente consciente.

8. ¿De qué manera la historia de la viuda y su gato ilustra el tema más amplio de la creencia y la expectativa en el proceso de curación o manifestación de deseos?

- **Respuesta:** La historia ilustra que las creencias y las expectativas desempeñan papeles críticos en el proceso de curación. La voluntad de la viuda de participar en la visualización y su eventual creencia en la recuperación de su gato crearon un poderoso entorno mental propicio para la curación. Esto refleja el tema más amplio de que nuestras actitudes y creencias influyen directamente en nuestras experiencias, lo que sugiere que fomentar una mentalidad positiva puede conducir a resultados milagrosos, ya sea en la salud o en otras áreas de la vida.

CAPÍTULO SIETE

SEAN ASTUTOS COMO SERPIENTES

"Sed, pues, prudentes como serpientes y
inofensivos como palomas".

MATEO 10:16

La habilidad de la serpiente para formar su piel
osificando una porción de sí misma, y su destreza para
mudar cada piel a medida que la superaba, hizo que el
hombre considerara a este reptil como un símbolo del
poder del crecimiento sin fin y de la autorreproducción.
Por lo tanto, se le dice al hombre que sea "sabio como
la serpiente" y aprenda a desprenderse de su piel -su
entorno-, que es su yo solidificado; el hombre debe
aprender a "desatarlo y dejarlo ir"... a "despojarse del
hombre viejo"... a morir a lo viejo y, sin embargo, saber,
como la serpiente, que "no morirá ciertamente".

El hombre no ha aprendido todavía que todo lo que está
fuera de su cuerpo físico es también una parte de sí
mismo, que su mundo y todas las condiciones de su
vida no son más que la representación de su estado de
conciencia.

Cuando conozca esta verdad, detendrá la lucha inútil de
la autocontención y, como la serpiente, dejará ir lo viejo
y crecerá un nuevo entorno.

"El hombre es inmortal; por lo tanto, debe morir sin cesar. Porque la vida es una idea creativa; sólo puede encontrarse a sí misma en formas cambiantes."

TAGORE

En la antigüedad, las serpientes también se asociaban con la custodia de tesoros o riquezas. La orden de ser "sabios como serpientes" es un consejo al hombre para que despierte el poder de su cuerpo sutilizado - su imaginación - para que él, como la serpiente, pueda crecer y superarse, morir y sin embargo no morir, porque sólo de tales muertes y resurrecciones, despojándose de lo viejo y vistiéndose de lo nuevo, vendrá la realización de sus sueños y el hallazgo de sus tesoros. Así como "la serpiente era más astuta que todos los animales del campo que el Señor Dios había creado" (Génesis 3:1), también la imaginación es más astuta que todas las criaturas de los cielos que el Señor Dios había creado. La imaginación es la criatura que:

"fue sometida a la vanidad, no voluntariamente, sino por causa de aquel que la sometió en esperanza. Porque por la esperanza somos salvos; pero la esperanza que se ve, no es esperanza; porque lo que el hombre ve, ¿por qué lo espera? Pero si esperamos lo que no vemos, con paciencia lo aguardamos".

ROMANOS 8:20, 24, 25

Aunque el hombre exterior, o "natural", de los sentidos, está entrelazado con su entorno, el hombre interior, o espiritual, de la imaginación, no está así entrelazado. Si el entrelazamiento fuera completo, el mandato de ser "prudentes como serpientes" sería en vano. Si estuviéramos completamente entrelazados con nuestro entorno, ¿no podríamos retirar nuestra atención de la evidencia de los sentidos y sentirnos en la situación de nuestro deseo cumplido, con la esperanza de que ese estado invisible se solidificara como nuestro nuevo entorno? Pero:

"Hay un cuerpo natural, y hay un cuerpo espiritual".
I CORINTIOS 15:44

El cuerpo espiritual de la imaginación no está entrelazado con el entorno del hombre. El cuerpo espiritual puede apartarse del hombre exterior de los sentidos y del entorno e imaginarse ser lo que quiere ser. Y si permanece fiel a la visión, la imaginación construirá para el hombre un nuevo entorno en el que vivir. Esto es lo que significa la afirmación

"Voy a prepararos un lugar.
Y si me voy y os preparo un lugar, vendré otra vez y os acogeré conmigo, para que donde yo esté, estéis también vosotros."
JUAN 14:2, 3

El lugar que te está preparado no tiene por qué ser un lugar en el espacio. Puede ser salud, riqueza, compañerismo, cualquier cosa que usted desee en este mundo. Ahora bien, ¿cómo se prepara el lugar?

Primero debes construir una representación lo más real posible de lo que verías, oirías y harías si estuvieras físicamente presente y te movieras físicamente en ese "lugar". Luego, con su cuerpo físico inmovilizado, debe imaginar que está realmente en ese "lugar" y que está viendo, oyendo y haciendo todo lo que vería, oiría y haría si estuviera allí físicamente. Esto debes hacerlo una y otra vez hasta que adquiera los tonos de la realidad. Cuando se sienta natural, el "lugar" ha sido preparado como el nuevo ambiente para su ser exterior o físico. Ahora puede abrir sus ojos físicos y volver a su estado anterior. El "lugar" está preparado, y donde has estado en la imaginación, allí estarás también en el cuerpo.

Cómo se realice físicamente este estado imaginado no es asunto tuyo, el hombre natural o exterior.

El cuerpo espiritual, al volver del estado imaginado a su antiguo estado físico, creó un puente invisible de incidente para unir los dos estados. Aunque la curiosa sensación de haber estado realmente allí y de que el estado era real desaparece, tan pronto como abres los ojos sobre el antiguo entorno familiar, sin embargo, te persigue la sensación de una doble identidad - con el conocimiento de que "hay un cuerpo natural, y hay un cuerpo espiritual." Cuando tú, el hombre natural, hayas tenido esta experiencia, atravesarás automáticamente el puente de acontecimientos que conduce a la realización física de tu lugar invisiblemente preparado.

Este concepto -que el hombre es dual y que el hombre interior de la imaginación puede morar en estados futuros y regresar al momento presente con un puente de acontecimientos que une a ambos- choca violentamente con la opinión ampliamente aceptada sobre la personalidad humana y la causa y naturaleza de los fenómenos. Tal concepto exige una revolución en las ideas actuales sobre la personalidad humana y sobre el espacio, el tiempo y la materia. El concepto de que el hombre, consciente o inconscientemente, determina las condiciones de la vida imaginándose a sí mismo en estos estados mentales, lleva a la conclusión de que este mundo supuestamente sólido es una construcción de la Mente - un concepto que, en principio, el sentido común rechaza. Sin embargo, debemos recordar que la mayoría de los conceptos que el sentido común rechazó al principio, el hombre se vio obligado a aceptarlos después. Estos interminables cambios de opinión que la experiencia ha impuesto al hombre llevaron al profesor Whitehead a escribir: "Sólo Dios sabe qué tontería aparente no será mañana una verdad demostrada".

El poder creador en el hombre duerme y necesita ser despertado.

"Despierta tú que duermes, y levántate de entre los muertos".

EFESIOS 5:14

Despierta del sueño que te dice que el mundo exterior es la causa de las condiciones de tu vida. Levántate del pasado muerto y crea un nuevo ambiente.

"¿No sabéis que sois templo de Dios, y que el Espíritu de Dios mora en vosotros?"

I CORINTIOS 3:16

El Espíritu de Dios que hay en ti es tu imaginación, pero duerme y necesita ser despertado para que te levantes de la barra de los sentidos donde llevas tanto tiempo encallado.

Las posibilidades ilimitadas que se abren ante ti cuando te vuelves "sabio como una serpiente" son inconmensurables.

Seleccionarás las condiciones ideales que quieres experimentar y el entorno ideal en el que quieres vivir. Experimentando estos estados en la imaginación hasta que tengan viveza sensorial, los exteriorizarás tan seguramente como la serpiente exterioriza ahora su piel.

Cuando los hayas superado, te desharás de ellos tan fácilmente como "la serpiente arroja su piel esmaltada". La vida más abundante -todo el propósito de la Creación- no puede salvarse mediante la muerte y la resurrección.

Dios deseaba la forma, por eso se hizo hombre: y no basta con que reconozcamos Su espíritu obrando en la creación, debemos ver Su obra en la forma y decir que es buena, aunque superemos la forma, por los siglos de los siglos.

"Él conduce
A través de amplias cámaras de deleite a donde
El éxtasis de las gargantas cerca de un final que siempre retrocede,
Porque Su toque es Infinito y presta
Un más allá a todos los extremos".

"Y yo, si fuere levantado de la tierra, atraeré a todos hacia mí".

JUAN 12:32

Si soy elevado de la evidencia de los sentidos al estado de conciencia que deseo realizar y permanecer en ese estado hasta que se sienta natural. Formaré ese estado a mi alrededor y todos los hombres lo verán.

Pero cómo persuadir al hombre de que esto es verdad -de que la vida imaginativa es la única vida; de que asumir el sentimiento del deseo cumplido es el camino hacia la vida más abundante y no la compensación del escapista- ése es el problema.

Para ver como "aunque ensanchando cámaras de deleite" lo que significa vivir en los reinos de la imaginación, para apreciar y disfrutar el mundo, uno debe vivir imaginativamente; uno debe soñar y ocupar su sueño, luego crecer y superar el sueño, por siempre jamás.

El hombre sin imaginación, que no perderá su vida en un nivel para poder encontrarla en un nivel superior, no es más que la mujer de Lot, una columna de sal autosatisfecha. Por otra parte, los que rechazan la forma por ser poco espiritual y los que rechazan la encarnación por estar separados de Dios ignoran el gran misterio: "Grande es el misterio, Dios se manifestó en carne."

Tu vida expresa una cosa, y sólo una, tu estado de conciencia.

Todo depende de eso.

A medida que, por medio de la imaginación, asumes un estado de conciencia, ese estado comienza a revestirse de forma, se solidifica a tu alrededor como la piel de la serpiente se osifica a su alrededor. Pero debes ser fiel al estado. No debes ir de estado en estado, sino esperar pacientemente en el único estado invisible hasta que tome forma y se convierta en un hecho objetivo.

La paciencia es necesaria, pero la paciencia será fácil después de tu primer éxito en despojarte de lo viejo y hacer crecer lo nuevo, porque somos capaces de esperar según hayamos sido recompensados por la comprensión en el pasado.

La comprensión es el secreto de la paciencia.

¡Qué alegría natural y qué deleite espontáneo hay en ver el mundo -no con, sino como dice Blake- a través del ojo! Imagina que estás viendo lo que quieres ver, y permanece fiel a tu visión. Tu imaginación creará por sí misma una forma correspondiente en la que vivir.

Todas las cosas están hechas por el poder de la imaginación. Nada comienza excepto en la imaginación del hombre.

"De dentro hacia fuera" es la ley del universo.

"Como es adentro, es afuera". El hombre se vuelve hacia fuera en su búsqueda de la verdad, pero lo esencial es mirar hacia dentro.

"La verdad está dentro de nosotros mismos; no se eleva
De las cosas exteriores, aunque lo creas.
Hay un centro íntimo en todos nosotros,
Donde la verdad habita en plenitud y saber,
Más bien consiste en abrir un camino
De donde pueda escapar el esplendor aprisionado,
sino en hacer entrar una luz
que se supone está fuera".
- Browning: "Paracelso"

Creo que les interesará un ejemplo de cómo una joven se despojó de la piel del resentimiento y se puso otra muy distinta. Los padres de esta mujer se habían separado cuando ella tenía seis años y había vivido con su madre. Rara vez veía a su padre. Pero una vez al año él le enviaba un cheque de cinco dólares por Navidad. Tras su matrimonio, aumentó el regalo de Navidad a diez dólares.

Después de una de mis conferencias, se quedó pensando en mi afirmación de que la sospecha del hombre hacia otro es sólo una medida de su propio engaño, y reconoció que había estado albergando resentimiento hacia su padre durante años. Aquella noche resolvió desprenderse de su resentimiento y poner en su lugar una reacción cariñosa. En su imaginación, sintió que abrazaba a su padre de la forma más cálida. Lo hizo una y otra vez hasta que captó el espíritu de su acto imaginario y se durmió muy contenta.

Al día siguiente pasó por casualidad por el departamento de peletería de uno de nuestros grandes almacenes de California. Llevaba tiempo dándole vueltas a la idea de comprarse una bufanda de piel, pero no podía permitírselo. Esta vez le llamó la atención una bufanda de marta, la cogió y se la probó. Después de tocarla y verse con ella, se la quitó de mala gana y se la devolvió al vendedor, diciéndose a sí misma que no podía permitírsela. Cuando salía del departamento, se detuvo y pensó: "Neville dice que podemos tener lo que deseemos si tan sólo captamos la sensación de ya tenerlo". En su imaginación, se volvió a poner el pañuelo, sintió la realidad y continuó con sus compras, mientras disfrutaba imaginariamente de llevarlo puesto.

Esta joven nunca asoció estos dos actos imaginarios. De hecho, casi había olvidado lo que había hecho hasta que, unas semanas más tarde, el Día de la Madre, sonó inesperadamente el timbre de la puerta.

Allí estaba su padre. Mientras le abrazaba, recordó su primera acción imaginaria. Al abrir el paquete que él le había traído -el primer regalo en tantos años-, recordó su segunda acción imaginaria, pues la caja contenía una hermosa bufanda de marta de piedra.

"Vosotros sois dioses, y todos vosotros hijos del Altísimo".

SALMOS 82:6

"Sed, pues, prudentes como serpientes y sencillos como palomas".

MATEO 10:16

PREGUNTAS Y RESPUESTAS PARA LA REFLEXIÓN

1. ¿Qué significa ser "sabios como serpientes" en el contexto de este capítulo?

- Respuesta: Ser "sabio como las serpientes" se refiere a la capacidad de comprender y manipular la conciencia y la imaginación para crear una realidad deseada. Así como una serpiente muda su piel, nosotros también debemos aprender a dejar de lado creencias y entornos obsoletos que ya no nos sirven. Esta sabiduría implica reconocer que nuestro mundo exterior refleja nuestro estado interior y utilizar ese conocimiento para dar forma positiva a nuestras experiencias.

-

2. ¿Cómo puede influir el acto de la imaginación en nuestra realidad según el capítulo?

- Respuesta: El capítulo enfatiza que la imaginación es una herramienta poderosa que nos permite visualizar nuestros deseos como si ya estuvieran cumplidos. Al imaginar constantemente un estado deseado y sentir su realidad, creamos un puente hacia ese estado. Este acto de imaginación no sólo da forma a nuestra percepción, sino que también puede manifestar cambios físicos en nuestras vidas, ilustrando el principio de "como es dentro, es fuera".

-

3. ¿Qué papel juega la paciencia al manifestar deseos como se describe en el texto?

- **Respuesta:** La paciencia es crucial porque el proceso de transformar estados imaginativos en realidades tangibles lleva tiempo. Después de experimentar inicialmente éxito en la visualización de los deseos, resulta más fácil esperar la manifestación externa, ya que la comprensión refuerza la paciencia. El capítulo sugiere que la verdadera paciencia surge de experiencias pasadas de éxito, lo que infunde confianza en el proceso de manifestación.

-

4. ¿Por qué es importante "dejar ir" los agravios o resentimientos del pasado?

- **Respuesta:** Dejar atrás los agravios del pasado nos permite liberarnos de cargas emocionales que obstaculizan nuestro crecimiento. Al liberar estos sentimientos negativos y reemplazarlos con emociones positivas, creamos espacio para experiencias nuevas y satisfactorias. El capítulo ilustra esto a través de la historia de la joven que transformó la relación con su padre cambiando su estado interno, lo que la llevó a un resultado positivo.

-

5. ¿Qué implica acerca de nuestra existencia la afirmación "hay un cuerpo natural y un cuerpo espiritual"?

- **Respuesta:** Esta afirmación sugiere una dualidad en la existencia humana, donde el cuerpo físico representa nuestras experiencias externas ligadas a los sentidos, mientras que el cuerpo espiritual se relaciona con nuestra conciencia e imaginación internas. Comprender esta distinción nos permite involucrarnos con nuestras capacidades imaginativas, permitiéndonos visualizar y crear nuevas realidades que trascienden nuestras circunstancias actuales.

-

6. ¿De qué maneras podemos aplicar las enseñanzas de este capítulo en nuestra vida diaria?

- **Respuesta:** Podemos aplicar las enseñanzas practicando ejercicios imaginativos donde visualizamos nuestros deseos con vívidos detalles y encarnamos los sentimientos asociados con su cumplimiento. Participar regularmente en esta práctica, mientras dejamos de lado las creencias limitantes y adoptamos una mentalidad de crecimiento, puede conducir a cambios transformadores en nuestras vidas. Además, podemos cultivar la conciencia de nuestros pensamientos y sentimientos, asegurándonos de que se alineen con la realidad que deseamos crear.

-

7. ¿Cómo puede ayudarnos el concepto de "puente invisible" a comprender el proceso de manifestación?

- Respuesta: El "puente invisible" simboliza la conexión entre nuestros deseos imaginados y su eventual manifestación física. Sugiere que al alinear constantemente nuestros pensamientos y sentimientos con nuestro estado deseado, creamos caminos para que esos deseos se materialicen en nuestras vidas. Comprender este concepto nos anima a permanecer fieles a nuestras visiones, reforzando la creencia de que nuestra realidad interior puede moldear nuestras experiencias exteriores.

CAPÍTULO OCHO
EL AGUA Y LA SANGRE

"El que no nazca de nuevo no puede ver el reino de Dios".

JUAN 3:3

"Pero uno de los soldados le atravesó el costado con una lanza, y al instante salió sangre y agua".

JUAN 19:34

"Este es el que vino por agua y sangre, Jesucristo; no por agua solamente, sino por agua y sangre."

I. JUAN 5:6

Según el Evangelio y la Epístola de Juan, el hombre no sólo debe "nacer de nuevo", sino que debe nacer de nuevo del agua y de la sangre. Estas dos experiencias internas están unidas a dos ritos externos: el bautismo y la comunión. Pero los dos ritos externos - el bautismo para simbolizar el nacimiento por el agua, y el vino de la comunión para simbolizar la aceptación de la sangre del Salvador, no pueden producir el nacimiento real o la transformación radical del individuo, que se promete al hombre. El uso externo del agua y el vino no puede producir el cambio de mente deseado. Debemos, por tanto, buscar el significado oculto tras los símbolos del agua y la sangre.

La Biblia utiliza muchas imágenes para simbolizar la Verdad, pero las imágenes utilizadas simbolizan la

Verdad en diferentes niveles de significado. En el nivel más bajo, la imagen utilizada es la piedra. Por ejemplo:

"Una gran piedra estaba sobre la boca del pozo.
Y allí estaban reunidos todos los rebaños:
y rodaron la piedra de la boca del pozo,
y daban de beber a las ovejas"

GÉNESIS 29:2, 3

"Se hundieron en el fondo como una piedra".

ÉXODO 15:5

Cuando una piedra bloquea el pozo, significa que la gente ha tomado literalmente estas grandes revelaciones simbólicas de la verdad. Cuando alguien hace rodar la piedra, significa que un individuo ha descubierto debajo de la alegoría o parábola su germen de vida psicológica, o significado. Este significado oculto que se esconde tras las palabras literales está simbolizado por el agua. Es esta agua. En forma de Verdad psicológica, que luego ofrece a la humanidad.

"El rebaño de mis pastos son los hombres".

EZEQUIEL 34:31

El hombre de mente literal que rechaza el "vaso de agua" - la Verdad psicológica - que se le ofrece, "se hunde en el fondo como una piedra". Permanece en el nivel donde ve todo en pura objetividad, sin ninguna relación subjetiva puede guardar todos los mandamientos -escritos en piedra- literalmente, y sin embargo romperlos psicológicamente todo el día.

Puede, por ejemplo, no robar literalmente la propiedad de otro, y sin embargo ver al otro en la necesidad. Ver a otro en la necesidad, es robarle su derecho de nacimiento como hijo de Dios. Porque todos somos "hijos del Altísimo".

"Y si hijos, también herederos; herederos de Dios y coherederos con Cristo..."

ROMANOS 8:17

Saber qué hacer ante una aparente desgracia es tener el "vaso de agua" -la Verdad psicológica- que podría salvar la situación. Pero tal conocimiento no es suficiente. El hombre no sólo debe "llenar de agua los cántaros de piedra" -es decir, descubrir la verdad psicológica- en vino.

Esto lo hace viviendo una vida de acuerdo con la verdad que ha descubierto.

Sólo mediante ese uso de la verdad puede "probar el agua que se hizo vino..."

JUAN 2:9

El derecho de nacimiento de un hombre es ser Jesús. Ha nacido para "salvar a su pueblo de sus pecados"

MATEO 1 : 21

Pero la salvación del hombre "no es por agua solamente, sino por agua y sangre".

No basta con saber qué hacer para salvarse a uno mismo o a otro; hay que hacerlo.

Saber lo que hay que hacer es agua; hacerlo es sangre.

Éste es el que no vino sólo por agua, sino por agua y sangre". Todo este misterio está en el uso consciente y activo de la imaginación para apropiarse de ese estado particular de conciencia que te salvaría a ti o a otro de la limitación presente.

Las ceremonias externas no pueden lograr esto.

"... os saldrá al encuentro un hombre que llevará un cántaro de agua; seguidle. Y dondequiera que entre, decid al dueño de la casa: Dice el Maestro: ¿Dónde está el aposento donde he de comer la Pascua con mis discípulos?

Y él os mostrará un gran aposento alto amueblado y preparado: preparad allí para nosotros".

Lo que desees ya está "amueblado y preparado". Tu imaginación puede ponerte en contacto interiormente con ese estado de conciencia. Si imaginas que ya eres el que quieres ser, estás siguiendo al "hombre que lleva un cántaro de agua". Si permaneces en ese estado, habrás entrado en la cámara de invitados -la Pascua- y entregado tu espíritu a las manos de Dios -tu conciencia-.

El estado de conciencia de un hombre es su demanda en el Almacén Infinito de Dios, y, como la ley del comercio, una demanda crea un suministro.

Para cambiar la oferta, cambias la demanda - tu estado de conciencia.

Lo que deseas ser, eso debes sentir que ya eres. Tu estado de conciencia crea las condiciones de tu vida, en lugar de que las condiciones creen tu estado de conciencia. Conocer esta Verdad, es tener el "agua de la vida".

Pero tu salvador - la solucion de tu problema - no puede manifestarse solo por tal conocimiento.

Puede ser realizada solo cuando tal conocimiento es aplicado.
Sólo cuando asumes el sentimiento de tu deseo cumplido, y continúas en él, tu costado es traspasado; de donde sale sangre y agua". Sólo así se realiza Jesús, la solución de tu problema.

"pues debes saber que en el gobierno de la mente tú eres tu propio dueño y señor, que no se levantará ningún fuego en el círculo o circunferencia entera de tu cuerpo y espíritu, a menos que tú mismo lo despiertes".

Dios es tu conciencia.

Sus promesas son condicionales. A menos que la demanda - tu estado de conciencia - cambie, el suministro - las condiciones presentes de tu vida permanecen como están.

"A medida que perdonamos" - a medida que cambiamos nuestra mente - la ley es automática. Tu estado de conciencia es el resorte de la acción, la fuerza directora, y lo que crea el suministro.

"Si esa nación, contra la que me he pronunciado, se vuelve de su maldad, me arrepentiré del mal que pensaba hacerles.

Y en el instante en que yo hable acerca de una nación, y acerca de un reino, para edificarlo y plantarlo; si hace lo malo ante mis ojos, que no obedece mi voz, entonces me arrepentiré del bien con que dije que los beneficiaría."

JEREMÍAS 18:8, 9, 10

Esta afirmación de Jeremías sugiere que existe un compromiso si el individuo o la nación desean realizar el objetivo: un compromiso con ciertas actitudes mentales fijas. El sentimiento del deseo cumplido es una condición necesaria en la búsqueda de la meta por parte del hombre.

La historia que voy a contarles muestra que el hombre es lo que el observador tiene la capacidad de ver en él; que lo que se ve que es es un índice directo del estado de conciencia del observador.

Esta historia es, también, un desafío para que todos derramemos nuestra sangre" - usemos nuestra imaginación con amor en favor de otro.

No hay día que pase en que no tengamos la oportunidad de transformar una vida derramando nuestra sangre".

"Sin derramamiento de sangre no hay remisión".
HEBREWS 9:22

Una noche, en Nueva York, pude desvelar el misterio del "agua y la sangre" a un profesor de escuela. Yo había citado la declaración anterior de Hebreos 9:22, y continué explicando que la comprensión de que no tenemos esperanza salvo en nosotros mismos es el descubrimiento de que Dios está dentro de nosotros - que este descubrimiento hace que las oscuras cavernas del cráneo se vuelvan luminosas, y sabemos que: "El espíritu del hombre es la vela del señor"... Proverbios 20:27 - y que esta realización es la luz para guiarnos con seguridad sobre la tierra.

"Su Vela brilló sobre mi cabeza y por su luz caminé a través de las tinieblas"
JOB 29:3

Sin embargo, no debemos considerar esta luz radiante de la cabeza como Dios, pues el hombre es imagen de Dios.

"Dios aparece, y Dios es luz,
A esas pobres almas que moran en la Noche;
Pero se muestra una Forma Humana A los que moran en los reinos del
Día".

BLAKE

Pero esto debe ser experimentado para ser conocido. No hay otra manera, y la experiencia de ningún otro hombre puede sustituir a la nuestra.

Le dije a la maestra que su cambio de actitud con respecto a otro produciría un cambio correspondiente en el otro; que tal conocimiento era el verdadero significado del agua mencionada en I. Juan 5:6, pero que tal conocimiento por sí solo no bastaba para producir el renacimiento deseado; que tal renacimiento sólo podía producirse mediante "agua y sangre", o la aplicación de esta verdad.

El conocimiento de lo que hay que hacer es el agua de la vida, pero hacerlo es la sangre del salvador.

En otras palabras, un poco de conocimiento, si se lleva a cabo en la acción es más provechoso que mucho conocimiento que descuidamos llevar a cabo en la acción.

Mientras hablaba, un alumno no dejaba de asaltar la mente de la profesora. Pero éste, pensó ella, sería un caso demasiado difícil para poner a prueba la verdad de lo que le estaba diciendo sobre el misterio del renacimiento. Todos sabían, profesores y alumnos por igual, que esta alumna en particular era incorregible.

Los hechos externos de su caso eran los siguientes: Los profesores, incluidos el director y el psiquiatra de la escuela, habían juzgado a la alumna pocos días antes. Habían llegado a la decisión unánime de que la chica, por el bien de la escuela, debía ser expulsada al cumplir los dieciséis años. Era maleducada, grosera, poco ética y utilizaba el lenguaje más vil. Sólo faltaba un mes para la expulsión.

Mientras volvía a casa aquella noche, la profesora no dejaba de preguntarse si realmente podría cambiar de opinión sobre las chicas y, en caso afirmativo, si la alumna experimentaría un cambio de comportamiento porque ella misma había experimentado un cambio de actitud.

La única forma de averiguarlo sería intentarlo. Sería toda una empresa, pues significaba asumir toda la responsabilidad de la encarnación de los nuevos valores en la alumna. ¿Se atrevería a asumir un poder tan grande, tan creativo, tan divino? Esto significaba una inversión completa de la actitud normal del hombre hacia la vida, de "Le amaré si él me ama primero", a

"Él me ama, porque yo le amé primero". Esto era demasiado parecido a jugar a ser Dios.

"Le amamos, porque él nos amó primero".
I. JUAN 4:19

Pero por más que intentaba argumentar en contra, persistía la sensación de que mi interpretación daba sentido al misterio del renacimiento por "agua y sangre". La profesora decidió aceptar el reto. Y así lo hizo.

Trajo el rostro de la niña ante los ojos de su mente y la vio sonreír. Escuchó e imaginó que oía a la niña decir "Buenos días". Era algo que la alumna nunca había hecho desde que llegó a ese colegio. La profesora imaginó lo mejor de la niña, y luego escuchó y miró como si oyera y viera todo lo que oiría y vería después de que estas cosas debieran ser. La maestra hizo esto una y otra vez hasta que se persuadió de que era verdad, y se durmió.

A la mañana siguiente, la alumna entró en su clase y sonriendo le dijo "Buenos días". La profesora estaba tan sorprendida que casi no respondió y, según confesión propia, durante todo el día buscó indicios de que la niña volviera a su comportamiento anterior. Sin embargo, la niña continuó en su estado de transformación. Al final de la semana, todos notaron el cambio; se convocó una segunda reunión de personal y se revocó la decisión de expulsión. Como la niña seguía siendo simpática y amable, la profesora ha tenido que preguntarse: "¿Dónde estaba la niña mala en primer lugar?".

"Porque Misericordia, Piedad, Paz y Amor es Dios,
Nuestro padre querido,
Y Misericordia, Piedad, Paz y
Amor Es el hombre, Su hijo y cuidado".
(La Imagen Divina)

BLAKE

La transformación es, en principio, siempre posible, pues el ser transformado vive en nosotros, y sólo es cuestión de tomar conciencia de ello.

La Maestra tuvo que experimentar esta transformación para conocer el misterio de "la sangre y el agua"; no había otro camino, y ninguna experiencia de hombre podría haber sustituido a la suya.

"Tenemos redención por su sangre".

EFESIOS 1:7

Sin la decisión de cambiar de opinión con respecto al niño, y el poder imaginativo para llevarla a cabo, la maestra nunca podría haber redimido al alumno. Nadie puede conocer el poder redentor de la imaginación que no haya "derramado su sangre", y probado la copa de la experiencia.

"¡Lee bien una vez tu propio pecho, y habrás acabado con los miedos!
El hombre no consigue otra luz, Busca él mil años".

MATEO ARNOLD

PREGUNTAS Y RESPUESTAS PARA LA REFLEXIÓN

1. ¿Qué significa " nacer de nuevo" en el contexto de este capítulo?

- **Respuesta:** "Nacer de nuevo" se refiere a una profunda transformación interior que implica un despertar psicológico o un cambio de conciencia. Simboliza la necesidad de que las personas no sólo acepten las enseñanzas de Jesús (agua), sino también de encarnar esas enseñanzas a través de la acción (sangre), lo que lleva a un verdadero renacimiento espiritual.

-

2. ¿Cómo se relacionan los conceptos de agua y sangre con la transformación personal?

- **Respuesta:** El agua simboliza el conocimiento o la comprensión: lo que uno debe aprender para cambiar su vida. La sangre representa la aplicación de ese conocimiento a través de acciones y sentimientos. La transformación ocurre cuando un individuo interioriza la verdad (agua) y actúa sobre ella (sangre), lo que conduce a cambios tangibles en su vida y la de los demás.

-

3. ¿Qué papel juega la imaginación en el proceso de renacimiento descrito en el capítulo?

- **Respuesta:** La imaginación es fundamental para el proceso de renacimiento. Es a través de actos imaginativos que uno puede visualizar los cambios deseados en uno mismo y en los demás. Al imaginarse a sí mismo en un estado transformado y encarnar ese estado emocionalmente, los individuos pueden facilitar el cambio real en la realidad, demostrando el poder de la mente para dar forma a las experiencias.

-

4. ¿De qué manera podemos aplicar las enseñanzas de este capítulo a nuestras relaciones con los demás?

- **Respuesta:** El capítulo enfatiza la importancia de cambiar nuestras percepciones y actitudes hacia los demás para lograr un cambio positivo en ellos. Al elegir ver lo mejor en los demás e imaginar su potencial, podemos influir en su comportamiento y fomentar una relación más armoniosa. Esta práctica resalta la interconexión de la conciencia y el comportamiento.

-

5. ¿Qué ilustra la historia del maestro y el alumno sobre el poder de las creencias y las actitudes?

- **Respuesta:** La historia ilustra que la creencia y la actitud tienen un poder transformador. La decisión de la maestra de cambiar su percepción del estudiante difícil condujo a un cambio notable en el comportamiento del estudiante. Esto demuestra que nuestros estados internos de conciencia pueden influir y transformar directamente las circunstancias externas, subrayando la noción de que creamos nuestra realidad a través de nuestras creencias.

-

6. ¿Cómo puede entenderse en un sentido práctico el principio de que "sin derramamiento de sangre no hay remisión"?

- **Respuesta:** Este principio sugiere que un cambio genuino requiere esfuerzo, sacrificio y la voluntad de comprometernos activamente con nuestros deseos y aspiraciones. En términos prácticos, significa que el conocimiento por sí solo es insuficiente; debemos estar dispuestos a esforzarnos, emocional y prácticamente, para lograr los cambios que deseamos ver en nosotros mismos y en los demás.

-

7. ¿Qué sugiere el capítulo sobre la relación entre la conciencia y las condiciones de la vida?

- **Respuesta:** El capítulo plantea que la conciencia es la fuerza impulsora detrás de las condiciones de la vida. Nuestro estado actual de conciencia determina nuestras experiencias; Al cambiar nuestras actitudes y creencias internas, podemos alterar nuestras circunstancias externas. Esto refuerza la idea de que tenemos el poder de moldear nuestra realidad a través de nuestros estados mentales y emocionales.

-

8. ¿Cómo se pueden implementar prácticamente las ideas del agua y la sangre en la vida diaria?

- **Respuesta:** Para implementar estas ideas, uno puede comenzar identificando áreas de su vida donde buscan cambios. Deben buscar conocimiento (agua) sobre estas áreas y luego aplicar activamente lo que aprenden a través de acciones intencionales y compromiso emocional (sangre). Esto podría implicar prácticas como visualización, afirmaciones y actuar como si el cambio deseado ya hubiera ocurrido.

CAPÍTULO NUEVE
UNA VISIÓN MÍSTICA

"Y con muchas parábolas semejantes les hablaba la palabra, según podían oírla. Pero sin parábolas no les hablaba; y cuando estaban solos, explicaba todas las cosas a sus discípulos."

MARCOS 4:33, 34

Esta colección de parábolas que se llama la biblia es una revelación de la Verdad expresada en simbolismo para revelar las Leyes y propósitos de la mente del hombre. A medida que nos damos cuenta de significados más profundos en las parábolas que los que se les suelen asignar, las vamos aprehendiendo místicamente.

Por ejemplo, adoptemos una visión mística del consejo dado a los discípulos en Mateo 10:10. Leemos que como los discípulos estaban listos para enseñar y practicar las grandes leyes de la mente que les habían sido reveladas, se les dijo que no se proveyeran de zapatos para el viaje. Un discípulo es alguien que disciplina su mente para poder funcionar conscientemente y actuar en niveles de conciencia cada vez más elevados. Se eligió el zapato como símbolo de la expiación vicaria o del espíritu del "déjame-hacer-por-tí", porque el zapato protege a quien lo lleva y le resguarda de las impurezas asumiéndolas él mismo. El objetivo del discípulo es siempre conducirse a sí mismo y a los demás de la esclavitud de la dependencia a la libertad de los Hijos de Dios. De ahí el consejo de no llevar zapatos. No aceptes intermediarios entre tú y Dios. Aléjate de todos los que se ofrezcan a hacer por ti lo que tú deberías hacer, y podrías hacer mucho mejor por ti mismo.

"La Tierra está repleta de Cielo, y cada arbusto común arde
con Dios, pero sólo el que ve se quita los zapatos".
ELIZABETH BARRETT BROWNING

"De cierto os digo que en cuanto lo hicisteis a uno de estos mis hermanos más pequeños, a mí lo hicisteis".
MATEO 25:40

Cada vez que ejercitas tu imaginación en favor de otro, sea bueno, malo o indiferente, literalmente se lo has hecho a Cristo, pues Cristo es la Imaginación Humana despierta. Mediante el uso sabio y amoroso de la imaginación, el hombre viste y alimenta a Cristo, y mediante el mal uso ignorante y temeroso de la imaginación, el hombre desviste y azota a Cristo.

"Que ninguno de vosotros imagine mal en su corazón contra su prójimo"... Zacarías 8:17, es un consejo sano pero negativo. Un hombre puede dejar de usar mal su imaginación por consejo de un amigo; puede servirse negativamente de la experiencia de otros y aprender a no imaginar, pero eso no basta. Tal falta de uso del poder creativo de la imaginación nunca podría vestir y alimentar a Cristo. La túnica púrpura del Hijo de Dios se teje, no no imaginando el mal, sino imaginando el bien; por el uso activo, voluntario y amoroso de la imaginación.

"Todo lo que es de buen nombre; si hay virtud alguna, y y si hay algo digno de alabanza, en esto pensad".

FILIPENSES 4:8

"El rey Salomón se hizo un carro de madera del Líbano. Hizo sus columnas de plata, su fondo de oro
su cubierta de púrpura, y su centro
pavimentado con amor..."

CANCIÓN DE SALOMÓN 3: 9, 10

Lo primero que observamos es que "el rey Salomón se hizo a sí mismo". Eso es lo que todo hombre debe hacer eventualmente - hacerse un carro de madera del Líbano. Por carro, el escritor de esta alegoría quiere decir

Mente, en la que está el espíritu de la Sabiduría - Salomón - controlando las cuatro funciones de la Mente para que pueda construir un mundo de Amor y Verdad.

"Y José preparó su carro y subió al encuentro de Israel, su padre". "¿Qué tributarios le siguen a Roma para agraciar con lazos cautivos las ruedas de su carro?". Si el hombre no se hace un carro de madera del Líbano, será como el de la reina Mab: "Ella es la partera de las hadas; ... su carro es una avellana vacía". La madera del Líbano era el símbolo místico de la incorruptibilidad. Para un místico, es obvio lo que el rey Salomón hizo de sí mismo. La plata tipificaba el conocimiento, el oro simbolizaba la sabiduría, y la púrpura - vestía o cubría la Mente incorruptible con el rojo del Amor y el azul de la Verdad.

"Y le vistieron de púrpura".

MARCOS 15:17

Sabiduría cuádruple encarnada, incorruptible, vestida de púrpura - Amor y Verdad - el propósito de la experiencia del hombre en la tierra.

"El amor es la piedra del sabio;
Saca oro del terrón;
Convierte la nada en nada,
me transforma en Dios".

ANGELUS SILESIUS

PREGUNTAS Y RESPUESTAS PARA LA REFLEXIÓN

1. ¿A qué se refiere el término "visión mística" en el contexto de este capítulo?

- **Respuesta:** Una "visión mística" se refiere a las interpretaciones simbólicas más profundas de las parábolas y enseñanzas bíblicas. Alienta a los lectores a mirar más allá de los significados literales y descubrir las verdades subyacentes sobre la mente y la conciencia, lo que permite una comprensión más profunda de los principios espirituales.

-

2. ¿Cómo ilustra el consejo dado a los discípulos sobre los zapatos el concepto de autosuficiencia en la práctica espiritual?

- **Respuesta:** El consejo de no llevar zapatos simboliza la importancia de la autosuficiencia y la responsabilidad personal en el viaje espiritual. Sugiere que las personas no deberían depender de intermediarios externos para conectarse con Dios o lograr crecimiento espiritual. Más bien, deberían desarrollar su propia comprensión y prácticas para liberarse a sí mismos y a los demás de la dependencia.

-

3. ¿De qué manera se representa a Cristo como "imaginación humana despierta"?

- **Respuesta:** Cristo es visto como la encarnación del potencial más elevado de la imaginación humana. Cuando las personas usan su imaginación de manera positiva, nutren y expresan la presencia de Cristo dentro de ellos mismos y en los demás. Por el contrario, las imaginaciones negativas o temerosas restan valor a esta esencia divina, resaltando el poder de la imaginación para dar forma a la realidad espiritual.

-

4. ¿Cuál es el significado de utilizar activamente la imaginación para "vestir y alimentar a Cristo"?

- **Respuesta:** Usar activamente la imaginación para "vestir y alimentar a Cristo" enfatiza la importancia de los pensamientos positivos y amorosos. Significa que nuestros poderes imaginativos pueden elevar y apoyar lo divino dentro de nosotros y de los demás o disminuirlo a través del pensamiento negativo. Este compromiso activo en imaginar el bien sirve para manifestar el amor y la verdad en el mundo.

-

5. ¿Cómo puede el versículo de Filipenses 4:8 guiar nuestro pensamiento y comportamiento en la vida diaria?

- **Respuesta:** El versículo de Filipenses 4:8 anima a las personas a centrarse en pensamientos positivos, virtuosos y dignos de alabanza. Al elegir conscientemente pensar en cosas buenas, podemos cultivar una mentalidad más positiva e influir en nuestras acciones, fomentando un ambiente amoroso y constructivo tanto dentro de nosotros como en nuestras interacciones con los demás.

-

6. ¿Qué simboliza la creación de un carro por parte del rey Salomón en un contexto místico?

- **Respuesta:** El carro del rey Salomón simboliza el cultivo de la mente y la conciencia. El "carro del bosque del Líbano" representa una mente fuerte e incorruptible, donde la sabiduría (Salomón) guía las funciones de la mente para crear un mundo basado en el amor y la verdad. Enfatiza la idea de que los individuos deben moldear activamente sus mentes para reflejar verdades espirituales superiores.

-

7. ¿Qué representan los colores asociados con el carro de Salomón (plata, oro, púrpura)?

- **Respuesta:** En esta interpretación mística, la plata representa el conocimiento, el oro simboliza la sabiduría y el morado significa la unión del amor (rojo) y la verdad (azul). Juntos, estos colores reflejan el desarrollo holístico de la propia conciencia, fusionando conocimiento y sabiduría para lograr un estado superior de estar encarnado en el amor y la verdad.

-

8. ¿Cómo sugiere el capítulo que podemos transformar nuestra vida mediante el amor y la imaginación?

- **Respuesta:** El capítulo sugiere que al usar conscientemente nuestra imaginación para visualizar resultados positivos y encarnar el amor en nuestros pensamientos y acciones, podemos transformar nuestras vidas y las de los demás. Este proceso transformador implica elegir activamente centrarse en lo que es bueno y virtuoso, haciendo surgir así el potencial divino dentro de nosotros y manifestándolo en el mundo.

TEMAS CLAVE

LA IMAGINACIÓN COMO PODER CREADOR

Según el libro "Tiempo de Siembra y Cosecha", la imaginación se presenta como la fuerza fundamental detrás de la creación y configuración de la realidad. El texto subraya la creencia de que la imaginación humana no es sólo una actividad mental sino el poder mismo que determina la estructura del mundo exterior. Cada experiencia en el mundo exterior, según esta perspectiva, es un reflejo o proyección directa de lo que sucede dentro de la mente. Esencialmente, lo que las personas encuentran en sus vidas se forma primero en su imaginación antes de manifestarse en la realidad física.

El libro explica además que la imaginación juega un papel decisivo en la vida de una persona. Afirma que a través de procesos imaginativos, los individuos pueden dar forma a sus circunstancias, logros y experiencias. Al involucrar y dirigir conscientemente la imaginación, una persona puede alinear sus pensamientos con sus deseos, haciendo realidad sus sueños y metas.

Lo que se enfatiza particularmente es la inmensidad de la imaginación, una facultad mucho más grande y poderosa de lo que la gente suele creer. El libro sugiere que la imaginación no debe verse como una actividad pasiva o trivial sino como un ámbito expansivo listo para la exploración. Mediante el uso activo y deliberado de la imaginación, las personas pueden lograr crecimiento, éxito y realización personal. Requiere una exploración más profunda de las capacidades imaginativas de la mente, alentando a las personas a reconocer que dentro de su imaginación reside la capacidad de forjar sus destinos y realizar sus aspiraciones más preciadas.

El mensaje es claro: la imaginación no es simplemente una herramienta para la creatividad o la resolución de problemas; es la fuerza creativa misma, que tiene el potencial de dar forma no sólo a las vidas individuales sino también a la realidad colectiva.

-

SIMBOLISMO EN LA BIBLIA

En el libro "Tiempo de Siembra y Cosecha", el autor profundiza en la naturaleza simbólica de la Biblia, destacando que sus personajes, historias e imágenes no deben ser tomados como relatos históricos literales sino más bien como representaciones profundas de funciones mentales y psicológicas. procesos. Según el autor, cada acontecimiento y personaje de la Biblia sirve como metáfora del funcionamiento de la mente y la conciencia humanas, proporcionando un rico marco simbólico a través del cual los individuos pueden comprender la dinámica de su mundo interior.

El autor enfatiza que para comprender verdaderamente el significado de la Biblia, uno debe ir más allá de una lectura superficial y comprometerse con ella en un nivel simbólico e imaginativo. Figuras bíblicas como Adán, Moisés y Cristo no son vistas como figuras históricas, sino como personificaciones de leyes universales de la mente. Por ejemplo, la "caída" de Adán se ve como el descenso metafórico a la inconsciencia, mientras que el despertar de Cristo representa el ascenso del individuo a la conciencia espiritual. La Biblia, por lo tanto, se convierte en una guía psicológica que ofrece ideas sobre cómo navegar el desarrollo mental y espiritual.

Un tema clave que explora el autor es que la Biblia, cuando se lee simbólicamente, se convierte en una herramienta para la transformación personal. Es a través de esta comprensión simbólica que los individuos pueden despertar sus propios poderes imaginativos y creativos. El despertar de la imaginación se equipara con el despertar espiritual porque, desde el punto de vista del libro, la imaginación es la fuerza divina dentro de cada persona. Al interpretar las historias bíblicas como símbolos de estados psicológicos internos, las personas pueden comprender mejor sus propios procesos mentales, identificar áreas de limitación y usar su imaginación para trascender estas limitaciones.

El texto afirma que el uso del simbolismo en la Biblia pretende ser universal y dirigirse al inconsciente colectivo de la humanidad. Al interactuar imaginativamente con la Biblia, se anima a los lectores a darse cuenta de su propio potencial de transformación y crecimiento. En este sentido, la Biblia se convierte no sólo en un texto religioso sino en una guía práctica para el dominio mental, utilizando la alegoría de las historias de las Escrituras para ilustrar cómo uno puede alinear sus pensamientos y su imaginación para lograr la realización espiritual y la realización de sus deseos.

El libro presenta la Biblia como una obra de profundo significado simbólico, donde los acontecimientos y las figuras representan procesos mentales internos. La verdadera esencia de la Biblia, según el autor, radica en su capacidad de guiar a los individuos hacia el despertar espiritual a través del uso consciente de la imaginación, interpretándola no como un relato histórico sino como un reflejo del potencial creativo y transformador de la mente humana.

-

LOS CUATRO PODEROSOS

En "Tiempo de Siembra y Cosecha", el concepto de los "Cuatro Poderosos" juega un papel importante al ilustrar cómo opera la conciencia humana en el proceso de manifestar deseos y dar forma a las experiencias de vida. El autor describe metafóricamente a estos Cuatro Poderosos como aspectos distintos pero interconectados de la mente: el productor, el autor, el director y el actor. Estos roles simbólicos representan los procesos internos que atraviesa un individuo al crear su realidad, desde el inicio de una idea hasta su manifestación en el mundo exterior.

El productor simboliza la parte de la mente que genera deseos o temas. Es la chispa creativa que identifica un deseo, como el éxito, el amor o la realización, y lo trae a la conciencia. El productor planta la semilla del deseo, fijando la dirección de lo que el individuo busca experimentar. Sin embargo, este deseo por sí solo es vago, un anhelo general que requiere un mayor refinamiento para tomar forma.

A continuación, toma el relevo el autor, representando la facultad imaginativa que dramatiza y detalla el deseo. El autor no se centra simplemente en el deseo general, sino que trabaja para crear una escena vívida o una imagen mental que represente el resultado final, como si el deseo ya se hubiera cumplido. El autor escribe el guión del escenario imaginado, construyéndolo con la mayor claridad y detalle posible. En esta escena mental, el deseo se retrata como un hecho ya cumplido.

Entonces entra en juego el director, que guía y ensaya el enfoque y la atención de la mente. El papel del director es garantizar que el individuo permanezca alineado con la visión creada por el autor. Así como un director se asegura de que los actores se mantengan fieles al guión, este aspecto de la mente dirige la atención consciente hacia el cumplimiento del deseo, ensayando la imagen mental repetidamente hasta que se convierte en una segunda naturaleza. El director también ayuda a mantener la concentración, devolviendo continuamente la mente al estado deseado, especialmente cuando surgen distracciones o dudas.

Finalmente, el actor representa la parte del yo que representa la realidad deseada en la imaginación. El actor no sólo visualiza la escena sino que la vive internamente, experimentándola emocional y mentalmente como si fuera real. El actor realiza las acciones, pensamientos y sentimientos que surgirían naturalmente si el deseo ya se realizara. A través de repetidas representaciones mentales, el escenario imaginado adquiere un sentido de realidad, incrustándose profundamente en la conciencia del individuo.

Juntos, estos Cuatro Poderosos trabajan al unísono para traer deseos del reino de la imaginación al mundo externo. El productor despierta el deseo, el autor lo convierte en una visión detallada, el director asegura una atención centrada y el actor da vida a la visión en la imaginación. A través de este ensayo mental y alineación de pensamientos y sentimientos, los individuos participan activamente en la creación de sus experiencias de vida.

El libro sugiere que toda la vida es una forma de drama donde los individuos desempeñan múltiples roles dentro de su propia conciencia, y comprender este proceso interno les permite crear conscientemente las realidades deseadas. La metáfora de los Cuatro Poderosos sirve para ilustrar que los seres humanos poseen todas las herramientas necesarias dentro de sus propias mentes para dar forma a su mundo, utilizando los esfuerzos combinados de estos aspectos para manifestar cualquier deseo o anhelo.

-

LA FE Y SU PODER

En "Tiempo de Siembra y Cosecha", el tema de la fe se presenta como una fuerza fundamental en el proceso de manifestación de deseos, desempeñando un papel crucial en la transformación de visiones internas en realidad externa. El libro enfatiza que la fe no es simplemente una creencia pasiva sino una fuerza activa y poderosa que cierra la brecha entre el mundo invisible de la imaginación y el mundo físico de la experiencia. Central para esta idea es la noción de que la fe implica la convicción inquebrantable en la realidad de cosas que aún no se ven, lo que requiere que un individuo mantenga persistentemente el sentimiento de que su deseo ya se ha cumplido.

El libro subraya la importancia de la fe en lo invisible, lo que significa que uno debe creer en el cumplimiento de su deseo incluso antes de que parezca que cualquier evidencia física lo respalde. Este tipo de fe trasciende los hechos y las apariencias inmediatas del mundo sensorial, que a menudo refleja las circunstancias actuales de una persona en lugar del futuro que desea. La fe, en este contexto, actúa como una forma superior de conocimiento, una certeza interna de que lo que se imagina eventualmente se manifestará.

Un aspecto clave de esta enseñanza es la perseverancia en mantener el sentimiento del deseo cumplido. El libro destaca que para que la fe sea efectiva, uno debe cultivar y aferrarse al estado emocional y mental que acompañaría la realización de su deseo. Esto implica alinear los pensamientos, las emociones y el diálogo interno con la suposición de que su deseo ya es una realidad. Cuanto más tiempo y más consistentemente se mantenga este sentimiento, más probable será que el mundo externo se ajuste a este estado interno.

Además, el libro enfatiza que la razón y los hechos sensoriales no deben limitar la fe. En el mundo cotidiano, las personas suelen confiar en sus sentidos y su lógica para interpretar la realidad, pero el autor sostiene que esta dependencia puede ser una barrera para la transformación. Los hechos sensoriales representan sólo la condición presente, no el potencial de cambios futuros. Por lo tanto, si un individuo le da demasiada importancia a lo que ve y oye, puede desanimarse y dudar de su capacidad para cambiar sus circunstancias. La fe, sin embargo, trasciende las apariencias y permite al individuo creer en posibilidades que van más allá de los estímulos sensoriales actuales o de las explicaciones racionales.

Al aferrarse firmemente a la convicción de que su visión interior se hará realidad, a pesar de todas las apariencias externas en contrario, las personas utilizan el poder creativo de la fe para lograr el cambio. El libro presenta ejemplos en los que la fe, cuando se ejercita con perseverancia y sentimiento, conduce a cambios notables en la realidad. Esta enseñanza anima a las personas a confiar en su convicción interna y en el poder de la imaginación, confiando en que la realidad invisible en la que se centran eventualmente se manifestará en el mundo físico.

El libro retrata la fe como una herramienta esencial para la transformación personal y la realización de los deseos. Sugiere que al cultivar la fe en lo invisible y al imaginar persistentemente el deseo cumplido, los individuos pueden trascender sus limitaciones actuales y crear nuevas realidades. Se ha demostrado que esta fe activa y creativa es mucho más poderosa que la creencia pasiva, ya que inicia el cambio desde adentro y eventualmente moldea el mundo externo para que coincida con la visión interna.

LA VERDAD PSICOLÓGICA DETRÁS DE LAS HISTORIAS BÍBLICAS

En "Tiempo de Siembra y Cosecha", el autor explora las verdades psicológicas contenidas en las historias bíblicas, enfatizando que estas narrativas antiguas sirven como metáforas del funcionamiento de la mente humana y el proceso de transformación espiritual y psicológica. En lugar de interpretar los relatos bíblicos como acontecimientos históricos literales, el texto sugiere que son ricos en significado simbólico y ofrecen profundas ideas sobre la naturaleza de la conciencia, la imaginación y el potencial humano. Historias como Caín y Abel, las ofrendas de Abel y el simbolismo de la sangre y el agua en la tradición cristiana se utilizan para ilustrar las lecciones espirituales y psicológicas más profundas que contienen.

La historia de Caín y Abel, por ejemplo, no es simplemente una historia de rivalidad entre hermanos sino que se interpreta como una representación de dos actitudes mentales distintas dentro de cada individuo. Caín simboliza a la persona que está atrapada en el mundo de los sentidos, aceptando pasivamente la vida tal como aparece. Ofrece el "fruto de la tierra", una metáfora de confiar en hechos materiales externos.

Abel, por otro lado, representa el aspecto de la conciencia que opera sobre la fe y la imaginación. La ofrenda de Abel de un cordero, que agrada a Dios, simboliza el uso activo de la imaginación y la fe para trascender las limitaciones sensoriales y lograr los resultados deseados. El texto enfatiza que el crecimiento espiritual y la transformación provienen de cultivar el enfoque imaginativo impulsado por la fe encarnado por Abel, en lugar de la perspectiva limitada y sensorial de Caín.

La ofrenda de Abel es particularmente significativa porque resalta el mensaje central del libro: que la fe en realidades invisibles es la clave para desbloquear el poder personal. El acto de ofrenda de Abel simboliza una forma de sacrificio interno, donde uno debe abandonar la confianza en la evidencia de los sentidos y confiar en lo invisible: el potencial que existe en el reino de la imaginación. El texto sugiere que la verdad psicológica detrás de esta historia es que el verdadero éxito y la transformación requieren que las personas se concentren en los resultados deseados con una fe inquebrantable, incluso cuando las circunstancias externas puedan sugerir lo contrario.

En la narrativa cristiana, el simbolismo de la sangre y el agua también se explora para revelar verdades psicológicas más profundas. La sangre y el agua que brotaron del costado de Cristo durante su crucifixión se interpretan como símbolos de dos elementos esenciales para la transformación: conocimiento y acción. El agua, en este contexto, representa la verdad psicológica o la comprensión que un individuo obtiene cuando reconoce el poder creativo de su propia mente. La sangre, por otro lado, simboliza la acción que se debe realizar para aplicar este conocimiento. El libro enfatiza que no basta con saber la verdad sobre la imaginación y la fe: hay que vivirla activamente y aplicarla para generar cambios. Este concepto se resume en la frase "no sólo con agua, sino con agua y sangre", lo que significa que la comprensión (agua) debe ir acompañada de la acción (sangre) para lograr una transformación real.

A través de estas interpretaciones, el texto sugiere que las verdades espirituales y las realidades psicológicas están profundamente entrelazadas. Las historias de la Biblia sirven como alegorías del desafío que enfrentan los individuos al dominar sus mentes e imaginación para superar las limitaciones impuestas por la experiencia sensorial. Cada historia es una lección sobre cómo utilizar las facultades creativas de la mente para dar forma a la realidad, mostrando que el camino hacia la iluminación espiritual y la realización personal reside en comprender y aprovechar el poder de la imaginación.

La verdad psicológica detrás de las historias bíblicas, tal como se presenta en el libro, es que el dominio de los pensamientos y la imaginación es la clave para el despertar espiritual. Al reconocer la naturaleza simbólica de estas historias, se anima a las personas a verlas como modelos de cómo vivir intencionalmente, utilizando la fe y la imaginación para superar las limitaciones externas y realizar todo su potencial. El libro sostiene que el verdadero propósito de la Biblia es revelar el funcionamiento interno de la mente, ofreciendo sabiduría eterna sobre cómo lograr la transformación personal alineando los pensamientos y la imaginación con los resultados deseados.

\-

EL PAPEL DE LAS CONVERSACIONES INTERNAS

En "Tiempo de Siembra y Cosecha", el autor enfatiza el profundo papel que desempeñan las "conversaciones internas" o los diálogos internos en la configuración de la vida y las experiencias de un individuo. El libro presenta la idea de que estos diálogos internos no son meros pensamientos fugaces, sino fuerzas poderosas que influyen y determinan la realidad externa. Estas conversaciones internas, a menudo subconscientes, reflejan las creencias, actitudes y suposiciones de una persona sobre sí misma y el mundo que la rodea. El autor sostiene que la calidad y el contenido de estas conversaciones afectan directamente las circunstancias que uno encuentra en la vida.

El libro enfatiza la importancia de monitorear y dirigir conscientemente las conversaciones internas, ya que sirven como base para todas las experiencias externas. Al tomar conciencia de la naturaleza de sus pensamientos y del diálogo que mantienen en su interior, las personas pueden comenzar a reconocer la conexión entre su mundo interior y lo que experimentan en su mundo exterior. Por ejemplo, una persona que constantemente alberga pensamientos de carencia, fracaso o negatividad encontrará que su vida externa refleja estas conversaciones internas. Por otro lado, aquellos que cultivan diálogos internos positivos, empoderadores y constructivos verán que su realidad externa cambia para reflejar estas nuevas actitudes.

La idea de vivir según las palabras y pensamientos que circulan en nuestro interior se presenta como regla central en lo que el autor llama el "juego de la vida". En esta metáfora, la vida se presenta como un juego en el que el resultado no depende del azar o de circunstancias externas, sino de los pensamientos y conversaciones que los individuos mantienen dentro de sí mismos. Como en cualquier juego, el éxito proviene de comprender las reglas y aplicarlas de manera efectiva. En este caso, la regla es simple: tu habla interior determina tu mundo exterior.

El libro sugiere que los individuos deben asumir la responsabilidad de su diálogo interior, eligiendo activamente palabras, pensamientos y creencias que se alineen con la vida que desean crear. Destaca que muchas personas desconocen el flujo constante de pensamientos que pasan por sus mentes y el impacto que tienen en sus vidas. Por esta razón, el autor anima a los lectores a prestar mucha atención a sus conversaciones internas y comenzar a darles forma de manera que respalden sus deseos y metas.

El autor también analiza el poder creativo de estos diálogos internos. Cada pensamiento ocioso, cada conversación interna, es una semilla que puede echar raíces y convertirse en experiencias del mundo real. Por lo tanto, es fundamental reemplazar los pensamientos negativos basados en el miedo con afirmaciones y visualizaciones positivas de los resultados deseados. El libro transmite la idea de que dominar el habla interior es un paso crucial hacia el dominio de la realidad externa, ya que ambas están inextricablemente vinculadas.

El libro enseña que los pensamientos y las conversaciones internas no son pasivos ni intrascendentes; más bien, son la fuerza impulsora detrás del desarrollo de la vida. Al dirigir conscientemente estos diálogos internos, los individuos pueden tomar el control de su destino, asegurándose de que las palabras que pronuncian internamente estén alineadas con la realidad que desean experimentar. Este dominio de las conversaciones internas se presenta como una herramienta esencial en el "juego de la vida", que permite a los individuos manifestar sus deseos y transformar sus circunstancias externas a través del poder del pensamiento deliberado y enfocado.

\-

TRANSFORMACIÓN A TRAVÉS DE IMÁGENES MENTALES PERSISTENTES

En "Tiempo de Siembra y Cosecha", el autor pone un fuerte énfasis en el poder transformador de las imágenes mentales persistentes, afirmando que esta práctica es clave para realizar los propios deseos. El libro aboga repetidamente por un enfoque disciplinado para imaginar los resultados deseados, insistiendo en que los individuos deben involucrar persistentemente sus mentes en la creación de escenas internas vívidas que reflejen sus metas y deseos. La esencia de este método es que a través de imágenes mentales sostenidas y enfocadas, el estado imaginado comienza a sentirse tan real como cualquier experiencia física, un proceso al que se hace referencia como hacer que la visión "adquiera los tonos de la realidad".

El autor explica que las imágenes mentales persistentes implican algo más que soñar despierto casualmente; requiere un esfuerzo constante y compromiso emocional. Para practicar esta técnica de manera efectiva, los individuos deben sumergirse repetidamente en escenas mentales que representan el estado deseado como ya cumplido. Estas escenas mentales deben imaginarse con tal claridad y detalle que el individuo comience a sentir las emociones, sensaciones y experiencias asociadas con la realización de su deseo. El compromiso repetido con estas imágenes internas finalmente convence a la mente subconsciente de su realidad, lo que lleva a su manifestación física.

El libro enfatiza que este método no se trata de pensamientos fugaces o visualizaciones ocasionales, sino de representar repetidamente escenas internas hasta que se conviertan en una segunda naturaleza. La mente debe ser entrenada para centrarse exclusivamente en el resultado deseado, excluyendo pensamientos contradictorios o dudas. Al hacerlo, el individuo pasa de simplemente desear algo a experimentarlo internamente. Cuanto más frecuentemente se ensaya esta escena mental, más vívida y real se vuelve en la conciencia de la persona, hasta que llega a un punto en el que se siente como verdadera, incluso antes de que aparezca cualquier evidencia externa.

Un componente crítico de esta enseñanza es la idea de que el plano mental debe transformarse antes de que pueda ocurrir un cambio físico. El autor sostiene que todo lo que se manifiesta en el mundo exterior comienza como un pensamiento, una creencia o una imagen mental. Por lo tanto, si una persona busca cambiar sus circunstancias, primero debe cambiar su mundo interior imaginando repetidamente el resultado deseado como si ya fuera una realidad. Sólo una vez que se ha producido este cambio mental, el mundo exterior puede reflejar la transformación interior.

El libro también destaca la importancia de la perseverancia en este proceso. El cambio no ocurre de la noche a la mañana y, a menudo, requiere un esfuerzo mental continuo para mantener el enfoque en el estado deseado, especialmente cuando las circunstancias actuales pueden sugerir lo contrario. El individuo debe persistir en su práctica imaginativa hasta que la imagen mental se vuelva tan real que domine su conciencia. El acto de "vivir al final" (imaginar y sentir como si el resultado deseado ya fuera cierto) se convierte en la base de una eventual manifestación física.

-

UNIDAD DEL YO Y EL PODER DIVINO

En "Tiempo de Siembra y Cosecha", el autor presenta un concepto profundo de la unidad entre el yo y el poder divino, proponiendo que la conciencia humana está intrínsecamente conectada con el poder creativo de Dios. A lo largo del texto, esta unidad se enfatiza como una verdad central: la idea de que cada individuo no está separado de lo divino sino más bien participante de su fuerza creativa. El autor a menudo equipara las facultades imaginativas y conscientes de la mente con el poder divino que gobierna el universo, sugiriendo que cada persona posee dentro de sí el mismo potencial creativo atribuido a Dios.

Esta unidad entre el hombre y lo divino implica que los seres humanos tienen la capacidad de crear y transformar su mundo alineando su conciencia con las leyes y principios divinos. Según el texto, la imaginación, la fe y la intención son las principales herramientas a través de las cuales se produce esta alineación. Al dirigir conscientemente los propios pensamientos, creencias y deseos de acuerdo con los principios divinos, los individuos pueden acceder a su poder creativo inherente para provocar cambios en su realidad externa.

El poder creativo de Dios, como se explica en el libro, no es algo externo o distante, sino que está incrustado en la propia conciencia humana. El texto afirma que la presencia "YO SOY", a menudo asociada con Dios, es la fuerza creativa dentro de cada individuo. Este concepto destaca que cuando una persona declara "Yo soy" seguido de un estado o condición particular, está invocando el mismo poder creativo que da forma al universo. Por lo tanto, si alguien alinea su identidad y sus pensamientos con sus deseos (por ejemplo, "tengo éxito", "estoy sano"), está utilizando este poder divino para transformar sus circunstancias y lograr sus objetivos.

El libro también enfatiza la idea de que la alineación con las leyes divinas requiere intencionalidad y un esfuerzo consciente para aprovechar esta fuerza creativa. No basta con simplemente esperar un cambio; uno debe involucrarse activamente con su mundo interior a través de la imaginación y la fe, dando forma a sus pensamientos y conversaciones internas para reflejar los resultados que desean. Esta alineación intencional permite a los individuos manifestar sus deseos y transformar sus vidas en alineación con la voluntad divina.

El papel de la fe es particularmente significativo en esta unidad entre el yo y el poder divino. La fe, en el texto, se presenta como el puente que conecta el mundo interior de la imaginación con el mundo exterior de la experiencia. Cuando los individuos mantienen una fe inquebrantable en lo invisible y creen en la realidad de sus deseos, se alinean con el proceso creativo divino. Esta fe actúa como un catalizador, permitiendo que el estado imaginado se convierta en realidad en el mundo físico.

Además, el libro implica que a través de esta unidad con el poder divino, el hombre no es un receptor pasivo de las circunstancias de la vida, sino más bien un creador activo de sus experiencias. El poder de moldear el propio destino está en el interior, y al comprender y alinearse con las leyes divinas, los individuos pueden diseñar conscientemente sus vidas. El texto anima a los lectores a verse a sí mismos como cocreadores con Dios, donde cada pensamiento, intención y creencia juega un papel en la configuración del mundo que habitan.

"Tiempo de Siembra y Cosecha" presenta una visión de la conciencia humana inseparablemente unida a lo divino, equipando a cada persona con el poder de crear y transformar su realidad. Al alinear sus pensamientos, imaginación y fe con los principios divinos, las personas pueden aprovechar esta fuerza creativa y hacer que sus deseos se manifiesten físicamente. Esta unidad entre el yo y el poder divino refuerza la idea de que el hombre tiene dentro de sí la misma capacidad creativa atribuida a Dios y, a través de la acción intencional, puede moldear su vida en armonía con la ley divina.

CONCLUSIÓN

Resumen De Principios Clave:
Tiempo De Siembra Y Cosecha, de Neville Goddard, enseña que la imaginación es una poderosa herramienta para moldear la realidad. Goddard reinterpreta la Biblia como una guía simbólica de las facultades creativas de la mente, haciendo hincapié en que cada persona puede "plantar semillas" de deseo en su mente, que más tarde "cosechará" como resultados en el mundo real. Su enfoque se centra en imaginar vívidamente un estado deseado y cultivar la sensación de que ya se ha cumplido.

PLAN DE ACCIÓN PARA LA APLICACIÓN DIARIA

1. Aclare su deseo:
  - Identifique un objetivo específico. Cuanto más clara sea tu visión, más fácil te resultará centrarte e involucrar a tu imaginación.

2. Visualice con emoción:
  - Dedique tiempo cada día a imaginar el cumplimiento de este deseo. Cree una escena mental detallada en la que experimente que el objetivo ya se ha alcanzado. Céntrate en los sentimientos que evocaría este logro y deja que esas emociones crezcan.

3. Repita y refuerce:
  - Convierta esta práctica de visualización en un ritual diario. Como sugiere Goddard, la repetición es clave: practica hasta que la escena te parezca natural y real.

4. Libera las dudas y alinéate con la fe:
  - Sé consciente de las dudas y las distracciones. Las enseñanzas de Goddard enfatizan la importancia de la creencia firme, que te mantiene alineado con el resultado deseado. Deja ir cualquier pensamiento contradictorio que pueda surgir.

5. Observa y reflexiona:

   - Lleva un diario de cualquier cambio o "señal" en tu realidad exterior. Esta reflexión refuerza tu compromiso y te ayuda a reconocer los progresos, fomentando la constancia.

GLOSARIO DE CONCEPTOS CLAVE

1. La imaginación:
   - La fuerza creativa dentro de cada persona que, cuando se concentra, puede dar forma a la realidad. Goddard considera la imaginación como un poder divino que manifiesta los propios deseos.

2. Tiempo de siembra y cosecha:
   - Metáfora del proceso de manifestación. "Tiempo de siembra" es el acto de plantar deseos en la mente de uno a través de la imaginación, y "Cosecha" es la realización de estos deseos en la realidad física.

3. El sentimiento es el secreto:
   - El principio de que uno debe sentir como si su deseo ya se hubiera cumplido. El estado emocional de "deseo cumplido" es esencial para la manifestación.

4. Asunción:
   - La práctica de adoptar el estado mental y emocional de tener ya el propio deseo. Al asumir este estado, uno se alinea con el resultado deseado.

5. Cuatro Poderosos:
   - Cuatro funciones mentales internas que Goddard compara con los papeles de una obra de teatro: el Productor (deseo), el Autor (diseña la visión), el Director (centra la atención) y el Actor (representa la escena imaginada).

6. Fe:

- La convicción de que lo imaginado se manifestará. La fe, en opinión de Goddard, es una certeza interior de que la "semilla" plantada a través de la imaginación crecerá hasta convertirse en realidad.

7. Ensayo mental:

- La práctica de imaginar vívidamente los acontecimientos deseados repetidamente hasta que se sientan naturales. Este "ensayo" refuerza la probabilidad de manifestación.

8. Inconsciente colectivo:

- Concepto que se refiere a un reino compartido de imaginación y símbolos al que todas las personas pueden acceder. Goddard sugiere que los símbolos de la Biblia resuenan en este espacio mental colectivo.

9. Vivir en el Fin:

- Imaginar y sentir como si el resultado deseado ya se hubiera producido. Esta mentalidad alinea el estado interior del individuo con la realidad externa deseada.

10. Ley de la suposición:

- La idea de que todo lo que uno asume como cierto acabará manifestándose. Está estrechamente relacionada con "vivir al final" y refuerza el poder de la creencia y la imaginación.

LECTURAS RECOMENDADAS

1. "El poder de la conciencia" de Neville Goddard:
- Este libro amplía los conceptos de imaginación y autoconciencia de Goddard, centrándose en la importancia de vivir como si los deseos ya estuvieran realizados.

2. "Visualización creativa" de Shakti Gawain:
- Una guía práctica para utilizar la visualización para manifestar objetivos, que se alinea bien con las enseñanzas de Goddard sobre la imaginación como fuerza creativa.

3. "La ciencia de hacerse rico" de Wallace D. Wattles:
- Este clásico explora los principios del pensamiento y la energía creativa para atraer la abundancia, similar al enfoque de Goddard en los estados mentales que dan forma a la realidad.

4. "Piense y hágase rico" de Napoleon Hill:
- Un libro fundamental de autoayuda sobre cómo lograr el éxito a través de una mentalidad y un pensamiento disciplinado, en paralelo con las ideas de Goddard sobre asumir el sentimiento de deseos cumplidos.

5. "Psico-Cibernética" de Maxwell Maltz :

- Este libro profundiza en la autoimagen y la visualización, explicando cómo los pensamientos y creencias impactan el comportamiento y los resultados personales.

6. "La ley de la atracción" de Esther y Jerry Hicks:

- Este libro presenta la Ley de Atracción, un concepto similar a la Ley de Asunción de Goddard, y explica cómo el pensamiento concentrado y las emociones dan forma a las experiencias de uno.

7. "Romper el hábito de ser uno mismo" por el Dr. Joe Dispenza:

- Este libro fusiona la neurociencia y la espiritualidad y ofrece herramientas para reconfigurar el cerebro y manifestar los resultados deseados: conceptos que complementan las ideas de Goddard sobre la fe y la imaginación.

CRONOLOGÍA DE LA VIDA DE NEVILLE GODDARD

1905:

- Neville Lancelot Goddard nació el 19 de febrero en St. Michael, Barbados, en el seno de una familia británica. Es el cuarto hijo de una familia de nueve varones y una niña.

1922:

- A los 17 años, Neville se muda a la ciudad de Nueva York para estudiar teatro. Trabaja como actor y bailarín en el escenario y en películas mudas, actuando en Broadway, en películas mudas y haciendo giras por Europa con una compañía de danza.

1923:

- Neville se casa brevemente con Mildred Mary Hughes. Tienen un hijo, Joseph Goddard, nacido en 1924.

1929:

- Neville marca este año como el inicio de su viaje místico. Recuerda una experiencia espiritual: "Fui llevado en espíritu al Consejo Divino donde los dioses conversan".

1931:

- Después de años de estudiar lo oculto, Neville conoce a su maestro Abdullah, un hombre negro con turbante y de ascendencia judía. Trabajan juntos durante cinco años en la ciudad de Nueva York.

1938:
- Neville comienza su propia carrera como docente y conferenciante, compartiendo sus conocimientos místicos.

1939:
- Neville publica su primer libro, A Tus Órdenes.

1940-1941:
- Neville conoce a su segunda esposa, Catherine Willa Van Schumus .

1941:
- Neville publica su segundo libro, Tu Fe es tu Fortuna.

1942:
- Neville se casa con Catherine y tienen una hija, Victoria, más tarde ese mismo año. También publica Libertad Para Todos: una aplicación práctica de la Biblia.

1942-1943:
- De noviembre a marzo, Neville sirve en el ejército y luego regresa a Greenwich Village, Nueva York. En 1943, aparece un perfil suyo en The New Yorker.

1944:
- Neville publica Sentir es el Secreto.

1945:

- Neville publica Plegaria: El Arte De Creer.

1946:

- Neville conoce al filósofo Israel Regardie , quien lo perfila en El romance de la metafísica. También publica un panfleto, La Búsqueda.

1948:

- Neville imparte sus famosas conferencias "Cinco Lecciones" en Los Ángeles, que luego se publican póstumamente como libro.

1949:

- Neville publica Fuera de este Mundo: Pensar en cuarta dimensión.

1952:

- Neville publica El Poder de la Conciencia.

1954:

- Neville publica Imaginación Despierta.

1955:

- Neville comienza a presentar programas de radio y televisión en Los Ángeles.

1956:

- Neville publica Semilla y cosecha: Una visión mística de las Escrituras.

1959:

- Neville experimenta un profundo evento místico, describiéndolo como un renacimiento de su propio cráneo, seguido de otras experiencias místicas.

1960:

- Neville lanza un álbum de palabra hablada.

1961:

- Neville publica La Ley y La Promesa. El capítulo final, "La Promesa", detalla la experiencia mística de 1959 y las experiencias posteriores.

1964:

- Neville publica el panfleto Rompe la Cáscara: Una Lección En Las Escrituras.

1966:

- Neville publica su último libro completo, Resurrección, que describe su visión mística y el potencial de la humanidad para realizar su naturaleza divina.

1972:

- Neville muere el 1 de octubre a los 67 años en West Hollywood, al parecer de un ataque cardíaco. Está enterrado en la parcela familiar en St. Michael, Barbados.

ACERCA DE LOS AUTORES

Neville Goddard
Fue un pensador místico profundo e influyente del siglo XX. Sus enseñanzas se centraban en el concepto radical y empoderador de que la imaginación humana es la verdadera manifestación de Dios. Creía que todo en la vida de una persona, ya sea positivo o negativo, es resultado de sus pensamientos, sentimientos y estados imaginativos.

La infancia de Neville estuvo marcada por su crianza en Barbados, donde nació en 1905 en una familia anglicana. A los 17 años, se mudó a la ciudad de Nueva York en 1922 para dedicarse al teatro. Aunque alcanzó el éxito como actor y bailarín, actuando en Broadway y en películas mudas, su vida dio un giro radical a principios de la década de 1930. Dejó atrás su carrera de actor para sumergirse en el estudio de la metafísica.

Bajo la influencia de su mentor, Abdullah, una misteriosa figura de ascendencia africana y judía, Neville comenzó a explorar principios espirituales profundos que combinaban el cristianismo con el misticismo. Se embarcó en una carrera como escritor y conferenciante, utilizando su carisma e intelecto para dar charlas impactantes en iglesias metafísicas, centros espirituales y lugares públicos. Sus enseñanzas se centraban especialmente en el poder del pensamiento y la imaginación como la fuerza creativa suprema.

A pesar de no alcanzar una fama generalizada durante su vida, la influencia de Neville ha crecido significativamente desde su muerte en 1972. Sus obras, en particular sus libros como Sentir Es El Secreto, El Poder De La Conciencia y La Ley y La Promesa, ahora se consideran precursores de las ideas modernas sobre la mecánica cuántica y el poder de la conciencia para dar forma a la realidad.

Las ideas de Neville también han inspirado a pensadores y autores espirituales contemporáneos, entre ellos Carlos Castaneda y Joseph Murphy, quienes desarrollaron temas similares en sus propias obras. Hoy en día, sus enseñanzas son ampliamente consideradas como atemporales y siguen atrayendo a un público cada vez mayor que busca aprovechar el potencial creativo de la mente.

Imaginatio Divina Editorial

Creemos que el poder de la creación reside en cada uno de nosotros. Inspirados por las profundas enseñanzas de Neville Goddard, promovemos la transformación de la vida a través del poder de la imaginación y la conciencia. Nuestra editorial se dedica a publicar obras que revelan la capacidad innata de los individuos para dar forma a su realidad a través del pensamiento consciente y la fe interior. Cada libro, cada palabra, tiene como objetivo guiar a los lectores hacia el descubrimiento de su naturaleza divina y su poder creativo, en línea con la filosofía de que "la imaginación es Dios en acción".

www.ingramcontent.com/pod-product-compliance
Lightning Source LLC
Chambersburg PA
CBHW052011150726
47999CB00004B/1620